アドラー流
子供の英語力を伸ばす

Naomi Koike
小池直己

NAN'UN-DO

はじめに

　国際化時代の今日におけるコミュニケーション手段のひとつとして、英語の果たす役割はますます重要になりつつあります。

　2020年度からは小学校の英語が拡充されることになりました。このことに備えて、文部科学省は2018年度からの2年間を移行期間と位置づけ、前倒しで英語の授業を増やすことを発表しました。つまり、小学3年生から6年生まで、それぞれ英語の授業を年間15コマずつ増やし、この授業時間を確保するために、現在実施されている「総合的な学習の時間」を削減するという方針を示しました。

　2020年度からの新学習指導要領では、英語に親しむための「外国語活動」の開始を現行の小5から小3に早め、年間35コマをあてることになります。また、小5と小6では国が指定した教科書を使用する正式な教科の「外国語科」とされ、授業時間は現行の35コマから70コマに倍増することになります。

　高校入試や大学入試においても、英語の出来不出来が合否の鍵を握っていると言われています。また、大学に入ってひと安心するも、つかの間、ほとんどの大学において英

語は必修科目になっているため、順調に4年間で卒業できなくなるケースが多くなってきました。

さらにはその後、大学を卒業して一般の会社に就職できたとしても、大手の商社や保険関係の会社あるいは銀行など、どの職場においても英語ができるか否かによって自分の将来がまったく違うものになってしまうようなことが現実のものとなってきています。

私立大学志望（3教科受験科目）の70〜80パーセントの生徒たちは、自分の勉強時間のなかで、英語に注ぎ込んでいる勉強時間の割合は70パーセント以上であると回答していました。なぜこのように英語の勉強に対してだけ、他の科目とはまったく比較にならないほどの時間を注ぎ込むのでしょうか。その原因はやはり英語が入試の合否を左右する最重要科目であるからです。

私は小学生から中学生にかけて劣等生でした。しかし、ふとしたことがきっかけで、英語の勉強が好きになって行きました。いま考えてみると非常にささいなことでありましたが、そのささいなきっかけが基となって、その後の**人生が英語によって切り開かれて行きました。**

大学で34年間英語を教え、その間、英語に関する著書を多数出版することにまでつながりました。今でも私は英

語がとても好きですし、そしてまた、私の青春の想い出というのはすべて英語の想い出とつながっているのです。したがって、英語を学ぶことは、私にとっては生涯を通して、生きがいであり、そしてまた自分の青春そのものであるような気がするのです。

　英語の勉強の得意、不得意はもともと先天的なものではなく、後天的なものであると思います。**子供を優しく見つめ、子供の話にまじめに耳を傾(かたむ)けてやり、一人前の人間として付き合ってあげることが何よりも大切です。そうしているうちに、いつの間にか子供は自ら机に向かって勉強して行くものなのです。**
　子供の成長にとって、最も大切なものは子供を取り囲む友人関係です。特に**子供の成長を願うならば、できるだけ自分の子供より優秀な子供達と交流できる環境を提供することが大切です。**

　優秀な同級生達から刺激を受け、お互いに切磋琢磨することによって子供の英語力は伸びて行くものだと思います。
　私の場合も劣等生だった自分が、ある時期を境にして、飛躍的な成長を遂(と)げることができたのは、今思えば、幸運

にも優秀な仲間や教師との交流があったお蔭だと思っています。**自分よりも優秀な人間とつきあうことが、英語に限らず全ての面において、人生に成功するための秘訣である**ことを、この本を書きながら改めて痛感しました。

　自分の思い通りに子供を育てたいと思うのが、親心であると思います。しかし、だからと言って、自分の考えを一方的に子供に押し付けてはいけません。まず、子供をひとりの人間として尊重し、信じてあげることから出発して欲しいと思います。子供が何らかの課題に直面したとき、親や教師は、子供が自分の力で解決し、困難を乗り越えられるように「勇気づけ」する必要があります。

　アドラー心理学では「勇気づけ」が子供の教育において重要な役割を果たすと言われています。
　勇気づけとは、子供の中に潜在的に秘められている力が、何らかの事情で充分に発揮(はっき)されない状態にあるとき、両親や教師が励(はげ)ましの言葉を掛けてあげること等を通して、子供を取り囲んでいる心理的状況を改善して、子供の潜在的な可能性を引き出してあげることなのです。

　英語の勉強は元々遊びの要素を多く含んでいるものです。気楽な気持ちで、子供と一緒になって、青春時代に戻っ

たつもりでもう一度中学英語、高校英語の復習をしながら、実用的な英語をマスターしてみませんか。

「**子供は親の後ろ姿から学ぶ**」と言われますが、まさにその通りだと思います。**あなたの子供を英語好きにさせるには、まずあなた自身が英語好きになることが必要です。**

最後に、この本が出るまで御尽力いただいた南雲堂の加藤敦氏に感謝の意を表したいと思います。

2018年初夏

小池直己

目次

はじめに iii

第1章 英語との出会いを大切に　　　　　　　　　　　13
　幼少期から中学生までの英語教育　　　　　　　　　　　14
　英語は耳から学ぶ　　　　　　　　　　　　　　　　　　17
　英語に対する親近感・好奇心を抱かせる　　　　　　　　18
　親に対する劣等感で子供たちは勇気を挫かれる　　　　　27
　逆境を跳ね返す力をつける　　　　　　　　　　　　　　31

第2章 小学生から中学1年生までの英語教育　　　37
　小学校入学までの発達心理学　　　　　　　　　　　　　38
　子供を甘やかしてはいけない　　　　　　　　　　　　　41
　「ハロー」「グッバイ」で終わらないコミュニケーション　43
　毎日、短時間でも机に向かう学習習慣は早い時期につける　44
　基礎学力をチェックする　　　　　　　　　　　　　　　46

第3章 中学生・高校生に楽しく英語を学ばせる秘訣　51
　テレビ・ラジオを通して楽しく英語を学ばせるとよい　　52
　インターネットで24時間、NHKの英語講座を無料で聴ける　53
　英米のフォークソング・ジャズ・ロックに興味を持たせる　56
　海外にメル友を持たせるとよい　　　　　　　　　　　　57
　「よきライバル」と切磋琢磨するのもよい　　　　　　　58

第4章 英語に対する自信を深めさせる　　　　　　61
　時には弟や妹を相手に英語を教えさせてみるとよい　　　62

基本的な問題を多く解かせることにより自信を持たせる　　　　65
　　英語の発音を間違っても人前で恥をかかせてはいけない　　　　66
　　英語の歌をできるだけたくさん覚えさせるとよい　　　　　　　69

第5章 劣等感をバネにして、プラス思考にする習慣をつける　　73
　　劣等感は目標に向かって、前進するためのプラスのエネルギー　74
　　劣等感をプラスの方向に向ける　　　　　　　　　　　　　　　75
　　「羨望」と「嫉妬」の違い　　　　　　　　　　　　　　　　　78

第6章 思春期の恋のエネルギーを英語学習に活用する　　　　　81
　　思春期の恋は、英語学習にも多大なエネルギーをもたらす　　　82
　　恋によって人間は計り知れない心的エネルギーを燃やす　　　　84

第7章 最も危険なことは、自分に限界があると考えてしまうこと　89
　　英語の勉強を重荷に感じている子供には、負担を軽減してやる　90
　　少年時代の学力不振は克服できる　　　　　　　　　　　　　　91
　　体罰は、子供たちにとって、常に有害である　　　　　　　　　92
　　親は子供に対して、えこひいきの態度を示してはならない　　　94

第8章 自発的に英語学習に取り組むために必要なこと　　　　　97
　　子供の前で英語の先生の悪口を言ってはいけない　　　　　　　98
　　英検の活用法　　　　　　　　　　　　　　　　　　　　　　100
　　英語学習における動機づけの実例（実際にあった話）　　　　102

第9章 飛躍的に英語力を伸ばすための学習法　107
　高校入試に合格するために必要な能率的英語学習法　108
　授業と予習・復習の仕方　110

第10章 効果的な教材の活用法（中学生～高校生）　113
　できるだけ短期間でマスターできる問題集を持たせるとよい　114
　英単・熟語集はできるだけ活字の大きい二色刷りのものがいい　114
　学校で使う英語の教科書に付けられているCDの活用法　116
　英文法の参考書は最初のページから読んではいけない　118
　時間を制限して、集中的に一定の問題を解かせてみる　121

第11章 効果的な英語勉強法（中学生～高校生）　125
　音楽を聴きながら英語の勉強をしていても放っておく　126
　食後すぐの勉強は避けた方がよい　127

第12章 効果的な英単語記憶法（中学生～高校生）　131
　カタカナ英語を利用して単語力をつけさせる　132
　英単語は語源から覚えさせると驚くほど簡単に覚えられる　134
　ダメな勉強法　138
　悪い点を取ってきても決して叱ってはいけない　141
　中学時代の親友が教えてくれた、成績を伸ばす方法　142
　テストの成績は、子供が見せるまで、無理に見ない　146

第13章 子供とともに40代から学ぶ英語　151
　子供と一緒に「中学・高校英語」をやり直してみよう　152
　「1を聞いて10を知る」勉強法　153
　大人の英語勉強法　155
　基本動詞と前置詞の組み合わせで学ぶ英語　156

第14章 日本人の英語リスニング弱点　　161

第15章 アドラー心理学の概要　　199

第16章 「中学生・高校生の学習意欲を高める」実践研究　　209
　高校の教育現場でのこと　　210
　学習者中心の英語教育　　213
　「中学生・高校生の英語学習意識」の調査研究　　215
　追想的方法による英語学習意識の調査　　224

巻末付録　　239
　(1) 小学〜中学1年までに学ぶ「英語の基礎知識」　　240
　(2) 中学3年間で学ぶ「英単熟語・会話表現一覧」　　246

　おわりに 276

第1章
英語との出会いを大切に

●幼少期から中学生までの英語教育

　私が英語と初めて出会ったのは、小学3年生の頃、父と一緒にお風呂に入っていた時のことでした。身体が温まるまで湯船の中で、父は私に「今日は英語で1から3まで数えてみよう」と言って、最初に「ワン・ツウ・スリー」の英語を教えてくれました。それができると次に「今日は英語で5まで数えよう」と言って、英語の数の数え方を教えてくれたのでした。

　「10まで英語で数えたら出てもいい」と言われながら、よく父とお風呂に入ったものでした。そんなことをやっているうちに、友達の前で「僕は1から10まで英語で数えることができるんだ」と言って「ワン・ツウ・スリー……」と得意になってやったものです。

　1から10まで何とか英語で数えられるようになった頃、「今日は、**10から1まで英語で逆に数えてごらん**」と、父に言われ、私は「テン・ナイン・エイト……」と逆に英語を数えることを教えられました。これは、子供の私には難しかったのですが、いつの間にか逆に数えることができるようになりました。そして、1から10まで英語で数えられるようになると、次は11、12……の数え方を父は私に教えてくれました。

　最初は難しいと思いましたが、eleven, twelve は難しい

けれども thirteen, fourteen……と -teen を付ければ全部終わりで、twenty まで行くわけで、それから twenty-one, twenty-two……と結局百まで徐々に数えられるようになった記憶があります。

いつの間にかこれが習慣になり、中学に入る頃までには一から百までは英語で言うことができるようになりました。

次に、父は日常生活の中の身近な英語の単語を教えてくれました。例えば、犬は「ドッグ（dog）」だとか、猫は「キャット（cat）」だとか、そういったことを教えてくれたので、非常に楽しく、いつの間にか英語の単語を覚えていった気がします。

それから徐々に、お母さんは「マザー（mother）」、お父さんは「ファザー（father）」、お兄さんは「ブラザー（brother）」、お姉さんは「シスター（sister）」などと教えられ、次は日常生活の単語についてたとえばパンのことを「ブレッド（bread）」とか、そういった非常に身近な単語を次々と楽しく教えてもらった記憶があります。

その後は、「サンデー（Sunday）」「マンデー（Monday）」などの曜日、「ジャニアリー（January）」「フェブラリー（February）」といった月の名前を徐々にではありますが、いつの間にか覚えさせられた記憶があります。

このような日常生活の中での身近な体験を通して、私は子供なりにも「英語というものは非常に身近なものなんだ」という意識を持つようになっていきました。

　子供というものはペットに対して非常に強い愛着を抱く(いだ)ものです。たとえば、私の場合だと小学5年生の頃、子犬を飼っていましたが、父がその子犬にハッピー（幸せ）という名前をつけてくれました。

　幼いあの頃、私は、全然英語の意味もわからずに自分の子犬を「ハッピー、ハッピー」と呼んでいましたが、そのお蔭でいつの間にか英語に対して親しみを覚え、無意識[1]のうちに英語に対する抵抗感を持たないようになっていった記憶があります。

　このように、いつの間にか英語に対する親しみというものを、子供の心に無意識のうちに植え付けて行くというのも非常に大切なことではないでしょうか。

　いつの間にか子供の知らないうちに英語に親しみを覚えさせるといったような状況を日常生活の中で作り出して行くことが大切なのではないでしょうか。自分から行動できる「主体性」を子供のころから伸ばしてあげることが大切です。

●英語は耳から学ぶ

　父は、3年間のシベリア抑留中に厳しい状況の下で、英語、ドイツ語、ロシア語の日常会話レベルの通訳をしていたと聞いています。多くの仲間たちの死に直面した経験も持っていたようです。終戦後、帰国してからも、毎日、NHKのテレビとラジオで英語、ドイツ語、ロシア語の講座を勉強していた父の後ろ姿を見ながら、私は日常生活を送ってきました。

　中学1年生の時に、父は僕に言いました。

　「**英語は耳から学ぶ必要がある。そのためには、『NHKラジオ基礎英語』を毎日欠かさず聴き続けるのが一番だ。**」

　私は毎朝、『NHKラジオ基礎英語』を聴くために父にたたき起こされました。眠い目をこすりながら、ラジオに耳を傾ける日々が過ぎて行きました。**そのお蔭で、高校入試では、英語で満点を取ることが出来ました。**

　高校時代・大学時代も英語のお蔭で楽しい日々を過ごすことが出来ました。**人生で一度も英語を嫌いになったことはありません。辛い時も、悲しい時も、さびしい時も、英語に触れることによって苦難を克服してきました。**とれだけ英語に救われたことか計り知れません。5年前に他界した、今は亡き父に心から感謝しています。

第1章　英語との出会いを大切に

この時の習慣を、大学教授を定年退職した今でも欠かさず続けています。『遠山顕のNHK英会話楽習』『NHKラジオ英会話』『NHK　実践ビジネス英語』だけではなく、フランス語、ドイツ語の講座番組もNHKのテレビとラジオで聴き続けています。これは、父が生前、英語、ドイツ語、ロシア語のNHK講座を勉強していたことを無意識のうちに真似しているのかもしれません。

　「**子供は親の後ろ姿を見て育つ**」と言いますが、これは正に真実だと思います。

　英語を通して様々な人との素晴らしい出会いがありました。好きな英語を友として英語教育を生涯の職業として来られたことに心から感謝したいと思います。

　人生には、様々な困難が待ち受けています。一寸先は闇です。この**苦境を乗り越える時に英語と同じくらい私を支えてくれたのが、「アドラー心理学」の存在です。英語で人生を切り開き、「アドラー心理学」によって人生の苦難の克服の仕方を教えられました。**

● **英語に対する親近感・好奇心を抱かせる**
　英語の勉強等の習い事をさせるのであれば、最終的な決定権は子供に委ねられるべきだと思います。
　子供は自分で決めた物事に対しては、強い意欲をもって

取り組む傾向があります。**知的好奇心を持った子供は、自発的に、主体性をもって学習し、成長して行きます。英語に対する知的好奇心を持つことが英語に対する学習意欲を伸ばすための出発点になる**のです。

英語の勉強に限らず、子供が好きになったものや、興味を持ったことに対しては、自信や細動を伸ばすための絶好の機会なので、温かい目で見守り、できる限り支援してあげましょう。

「子供が一つの課題に自信を持てれば、好奇心が刺激されて、他のことにも興味を持てるようになる。」とアドラーは言っていますが、正にその通りだと思います。

実際にあった一例を紹介します。

ある劣等性の小学5年生が、音楽の時間、先生に「君は音程(おんてい)が正確だね。合奏でハーモニカを吹いてみないか。」と言われました。彼は楽譜を全く読めませんでした。算数の掛け算もできなかったし、漢字も苦手でした。でも、この劣等生は、その時を境にして、理科、体育にも興味を持ち始めました。

その年の夏、小学5,6年生の中で、体格の良い生徒数名が選ばれて、中学校のプールで水泳の指導を受けるようにと言われて、毎日水泳の練習をさせられました。少年の運動能力は、この時を境に、飛躍的に向上しました。それ

と同時に、**音楽を通して、勉強のできる優等生と友達になり、水泳を通して、勉強はあまりできませんでしたが、体力に自信のある友達ができました。**

　秋になって、合奏コンクールを終えて、誰もいない教室の自分の机の中に、苦手だった社会科と国語のテストが入っていました。その結果を見て驚きました。「**劣等生の自分でも、苦手な科目で 60 点以上が取れるんだ！**」と少年は、思いました。

　冬、小学校卒業を控えた 6 年生の 3 学期の通信簿を見て驚きました。理科が「5」だったのです。**小学校で初めて「5」をもらったのです！あの時の感激は、今でも忘れません。**

　実は、この劣等生は私のことなのです。

　その数日後、中学校で使う教科書が、小学校で販売され、英語の教科書を初めて開いた時のことを昨日のことのように鮮明に覚えています。この時初めて英語に出逢いました。この英語という科目が、その後、50 年以上にわたって、私の人生を支えてくれるとは、思ってもいませんでした。

　早期英語教育の是非に関しては、様々な意見がありますが、私は**子供自身が英語に対して好奇心を抱き、自ら英語学習に対して取り組みたいと思われるのであれば、子供の好奇心に出来るだけ応えてあげるべきだと思います。**

　先ずは、身の回りにあるもので、既にカタカナになって

いるような英語を教えて行くと、知らないうちに英語の単語に関する知識が増えて行き、遊びながら語彙力が増えて行くことにつながると思います。

とにかく、**遊びの中で、日常生活の中で、楽しみながら、無意識のうちに英語に対する好奇心を抱かせることが最も大切なこと**であると思います。幼児が学ぶことが好きなのは、純粋に知る喜び、できる喜びを求めているからであって、将来役に立つからとか、他の子に負けないようにという理由からではありません。

子供の純粋な学び心を忘れて、**親の都合や親の見栄で勉強を無理強いすると、貴重な学習力の芽を摘みとることにもなりかねません。**

学んだことを吸収しているかどうかは、子供の心が弾んでいるか、より高い段階にねばり強く挑戦しているか等、脇で見ていれば自然にわかります。子供の伸びる力を信頼している親が本当の「教育者」と言えるでしょう。

昔から、英字ビスケットというものがあります。そのビスケットを食べるときに「これは何だろう、この文字はA」だとか、「B」だとか、「Z」だとか言いながら、英字ビスケットを食べながらいつの間にかABCの文字を覚えてしまったという記憶もあります。

英語というのは歌の中で覚えたり、ビスケットで覚えて

みたり、お風呂の中で覚えてみたり、自然に覚えて行くものだなと、今思えば懐かしい気持ちになります。先日偶然、久々に英字ビスケットが売られているのを目にしました。とても懐かしい気持ちになりました。それと同時に、このような**環境を自然に、さりげなく作ってくれた両親に対して心から感謝したい気持ちで目頭が熱くなるのを感じました。**

　最近では子供を自然に英語好きにさせるものとして、ジグソーパズルや英語のカルタなどを取り入れて遊ばせながら子供に英語を教えている幼稚園などが多いと聞きますが、これもなかなかいい方法だと私は思います。

**　次に学習のレディネス（readiness）[(2)]に応じて、簡単な英語の歌を教えてみるのもよいと思います。**

　これはひとつの例として「NHKの基礎英語」で学ぶ英語の歌というものがあります。

　この中に約20曲ぐらい挙げてありますが、たとえば、クリスマスには「きよしこの夜」とか、あるいは卒業式には「蛍の光」とか、これは一見、子供にとっては非常に難しい歌だと思うのですが、私はこの中で非常にためになった歌、子供の時にこの歌を覚えていたおかげで「ABC」が楽に勉強できたという歌がひとつあります。

それは「トゥインクル・トゥインクル・リトル・スター（twinkle twinkle little star）」[3]という曲で「ABCDEFGHIJ KLMN……」といったアルファベットを覚えるのに非常に都合のよい歌で、頭からABCを覚えるのではなく、歌の中でABCを覚えてしまった記憶があり、まったくアルファベットに対しては抵抗感を抱かなかったのを覚えています。

　テレビなどで子供向けの海外番組を見せるということも、子供にとっては海外に目を開かせる上で非常に大切なことだと思います。

　私の時代には西部劇が多かったですけれど、ああいうのを見ていると自分もアメリカへ行ってみようといった夢がどんどんふくらんでいき、ますます英語が好きになっていったような記憶があります。

　また外国人の友達、知人を連れてきて、子供たちに直接会わせて遊ばせるのもひとつの方法だと思います。それはなぜかというと、外国人と会うことによって英会話ができるようになるとかならないとか、そういった問題ではなく、**外国人というものを非常に身近に感じる経験を持つことが、日本人特有の外国人コンプレックスというものをなくす上で、非常に大切なものであるからです。**

最近、家族で海外旅行をする人が増えています。このとき子供も一緒に飛行機で海外に連れて行く、といったような経験も非常に大切だと思います。

　日本の国を出て、**海を渡って外国に行くという経験は、子供の心に非常に強い印象を与えると思います。**そうすることで、海外に対して目を開かせ、英語に対する拒絶感というものを無意識のうちに取り除いて行くという点で非常に大切なことであると思います。

　最近、子供の身の回りにはパソコンとかゲームセンターといったようなカタカナ英語があふれていて、知らないうちに、子供は英語に接しています。

　たとえば野球ならば「ダッグアウト（dug out）」[4]とか「ラッキーゾーン（lucky zone）」[5]といったような言葉がどんどんテレビから流れてくるような環境の中で子供は育って行くわけですから、まず子供が好きな分野、たとえば野球が好きなら「ストライク（strike）」「アウト（out）」「ラッキーゾーン（lucky zone）」といった言葉を教えることによって英語の語彙というものを増やして行くのも大切だと思います。

　水泳の好きな子供に対しては、「クロール」ははって歩くようにして泳ぐから「クロール（crawl）」と言うんだ、

また「バタフライ」は蝶が飛ぶように見えるから「バタフライ(butterfly)」と言うんだよということを教えて行くと、英語の語彙というものが広まって行くと思います。幼児期において最も大切なことは、子供の持っている英語に対する拒絶感というか、違和感とでもいうべきものを徐々に取り除き、英語に親しみやすい環境を作ってあげることです。それを理解せず、子供を英語嫌いにしてしまうのは親の責任であると思います。

　子供が少しでも英語が話せるようになったら、大いに誉めてやったり、感心してあげたりしないといけません。せっかく子供が曲がりなりにも下手な英語を一生懸命話そうとしても、「少しばかり英語を話せるからと思ってあまり図にのっちゃいけない」とか言って子供に恥をかかせたりしてしまうと、子供はすぐにやる気をなくしてしまいます。

　また発音というのは徐々に直していけばいいのであって、発音のことをうるさく言ったりして最初から教えようとすることは、あまり感心したやり方ではないと思います。

　水泳を具体的な例にとって考えてみても、最初からスマートにかっこよく泳げる人は誰もいません。最初はまず体を水に浮かせる状態からはじめるわけで、次に何とか前に進むとか水に浮くとかいったような状態を繰り返すこと

によって子供に自信をつけさせて、あるいは水に対する恐怖感を取り除いてあげて、徐々に水泳のフォームなどをきれいにすることによって少しずつ速く泳げるようにするといったような指導が必要なので、最初から腕の上げ方とか、脚の使い方などそういったものを細かく指導してしまうと、子供というものは、水泳に対して非常に強い拒絶反応を持ってしまいます。

英語の勉強も同じだと私は思います。まずは子供に対して「英語をやってみようか」とか「英語の勉強をやりたいな」といった気持ちを起こさせることが最も大切なのではないでしょうか。

アドラー心理学では、「出来ないたくさんのことを教えるよりも、子供ができた少しのことを認めて上げることが大切である」。と考えています。ものの言い方や声のかけ方ひとつで子供は勇気づけられるものなのです。

たとえば、先にも述べましたが、小さい時から自分の子供を「バイリンガル（bilingual）」[6]にしようと思って一生懸命やるのは結構ですが、そういったことをやり過ぎてしまうと、今度は逆に子供が英語を嫌いになってしまう傾向があります。

もうひとつはインテリの家庭に多いのですが、お父さん

が英語に堪能でお母さんも英語ができる。そういった環境の中で当然、子供も英語が話せるようにさせたいと願うのは親心だと思いますが、たとえば、外国人の友達などを家に招いた場合、子供の前で得意がって自分たちばかりがペラペラと英語でしゃべって、子供にも「ほら、おまえもちょっと英語をしゃべってみろ、こんなに簡単に話せるようになれるのだから」と言って、子供が萎縮してしまうようなことがよくあります。

親の前で恥をかくことを子供は最も嫌うので、自分たちはこんなに英語が話せるのだ、だからおまえらもやってみろといった感じでどんどん追い込んで行くと、逆に子供が英語をしゃべらなくなり、その結果、非常に劣等感の強い子供に育ってしまうことがあります。これは実際に私の周辺で頻繁に起きている事例です。

● 親に対する劣等感で子供たちは勇気を挫かれる

「親の業績に匹敵することは出来ないと感じると、子供たちは勇気を挫かれ、人生に絶望する。」とアドラーは言っていますが、このような例が私の周囲には数多く見受けられます。私は職業上、自分と同じ世界の人間、つまり大学教授達から、「子育ての失敗談」に関して様々な話を聞く機会があります。

その中で特に共通しているのは、英語教授の多くが、自分の子供を英語と日本語のバイリンガルにしようとして、ことごとく失敗しているということです。

自分の子供を英語と日本語のバイリンガルにしたいと考えている親の中には、早期英語教育にのめり込んでしまい、母国語の日本語の学習をおろそかにしてしまう傾向が見られます。日本語習得と同じ段階で、英語を習得させると効果的な場合もありますが、母国語の習得が不十分になる可能性もあります。

　日本人の思考は、日本語です。日本語の習得が不十分であると、物事を考える時に頭の中でどの言語を使えばいいのかが分からなくなってしまう可能性があります。

　その結果、英語は得意でも日本語で考える思考力が欠如（けつじょ）した子供になってしまう弊害（へいがい）もあります。英語学習だけでなく、日本語で理論的に考える力も並行して伸ばして行くことが最も大切なことだと思います。

　日本では誰でも知っている、私も尊敬している、ある高名な教授が、自分の子供を英語と日本語のバイリンガル、つまり、英語をネイティブスピーカーの様に話せるよう教育する夢を実現しようとして失敗したことを、実感を込めて講演されるのを聴いて、胸を打たれました。

　それは、先生が自分の息子さんに少年時代から、徹底的

に英語の特訓をして、中学・高校時代にイギリスに留学させ、帰国後、日本の高校でも、英語教育を徹底させ、更に、日本の大学在学中はアメリカの大学に留学させたとのお話でした。

　これは正に英語版の漫画『巨人の星』（原作：梶原一騎）の星飛雄馬(ほしひゅうま)が父親の星一徹(いってつ)から、毎日1000本ノックの猛特訓を受けているような内容でした。それと同時に、**先生が息子さんに注(そそ)ぐ愛情が全面に溢れ出るような感動を覚えました。**

　その結果、英語に関して問題はなかったのですが、英語を通してイギリスの文化にやっとの思いで溶け込み、友人もできたと思ったら、今度は日本に戻って大学受験中心の高校生活を送らなければいけなくなり、日本でやっと友人もできて、日本の社会にも馴染(なじ)め始めたかと思ったら、今度はアメリカの大学に留学し、アメリカの文化に馴染まなければならなくなり、イギリス、アメリカ、日本の文化の中で自分のアイデンティティが不確かなものになり、苦悩の末、英語とは別の世界に進まれたとの話でした。

　「今だから言えるけどね、父さん、僕はつらかったよ。」と息子さんに言われたそうです。

　人には誰にでも得意なものがあります。「あるがままの

自分を受け入れて、今の自分に出来ることは何か、これから未来に向かって、どうすればいいのかを考えることが大切なのです。**大切なのは、何が与えられているのかではなく、与えられているものをどう使うかである。」とアドラーは言っています。**

アドラーは劣等感を、理想とする自分の目標に向かって進むための刺激として捉えたのです。

自分自身が、理想の自分に向かって、少しでも近づきたい、自分自身が今の自分よりも向上したいと思う気持ちが劣等感を生むと考えました。

この劣等感を補おうとして、向上心が生まれ、人間は努力すると考えたのです。

人間は常に「優越性を追求しようとする」とアドラーは言いますが、その過程において、人間は悩みます。

アドラーは、他者と自分との比較で劣等感を感じるのではなく、現実の自分と自分の目標とのギャップに対して抱くマイナスの感情も劣等感と考えました。つまり、アドラーは、劣等感を目標に向かって、前進するための刺激、原動力、プラスのエネルギーと考えました。

これは、決して悪いことではありません。**劣等感は、目**

標に向かって努力をし、人生をより良くしようとしている結果、抱く感情なのです。**劣等感をバネにして、飛躍すればいいのです。また、他人と比較することによって子供が優越感に浸ることは、やめさせるべき**だと思います。

　解決に向かって、自分自身がどれだけ努力したかが最も重要なことなのです。**結果ではなく、結果に至る過程でどんな努力をしたのかということを子供自身に認識させる**ことが大切なのです。

●逆境を跳ね返す力をつける

　同じ不幸な状況や境遇、恵まれない環境の中でも、自分を取り囲んでいるマイナスの状況をプラス思考で受け止めて、成長の糧、飛躍の礎石としてしまうポジティブな生き方のできる人がいます。そのような人に共通するのは、レジリエンス（resilience）です。**レジリエンスとは、「逆境を跳ね返す力」「逆境や強いストレスにあっても、折れずに、復元できる力」**のことです。

　これは、人間には誰にでも潜在的に備わっているものですが、現代人は、様々なストレスに押し潰されてしまっている結果、この潜在能力が弱められ、忘れられてしまう傾向があります。その結果、心身ともに疲れてしまい、逆境を前にしたときには、心が折れてしまい、精神疾患に陥っ

てしまうことがあります。特に近年、精神疾患を患い、医療機関に通院する学生、社会人の数が年々増加の一途をたどっています。その解決方法の一つとして、アドラーは楽観主義を提唱(ていしょう)しています。

アドラーのいう楽観主義とは、目の前の現実から目を反らさず、「出来るかどうか、分からないが、一生懸命に、ダメモトでやってみよう。今回は失敗しても、失敗の経験を生かして、次回こそ成功しようと努力する」ことです。つまり、楽観主義の根底には、プラス思考の強い意志が存在するのです。

これは、たとえば英検2級を受験する時に、同時に、英検準1級を受験する願書を出す場合に似ています。**楽観主義**の人であれば、「英検準1級に合格出来るかどうか、分からないが、一生懸命に、ダメモトでやってみよう。」と考えて、英検2級を受験する時に、同時に、英検準1級の願書を出すでしょう。たとえ、英検準1級に不合格になったとしても、そのために一生懸命頑張った結果、身に付けた英語力は蓄積(ちくせき)されて、失敗の経験は次回の挑戦に生かされます。これが**アドラーのいう楽観主義**です。

楽観主義と楽天主義とは、明確に異なります。楽天主義の場合だと合格する実力もないのに、自分勝手に、「私は絶対に合格できる！」と一方的に思い込み、失敗すると自

尊心を傷つけられ、「自分は、ダメな人間だ。」「バイトが忙しくて、受験の準備をする環境に恵まれていなかった。」などと、自分の失敗の原因を外在的な要因に求める傾向があります。**楽天主義や悲観主義の場合は単なる感情的なものであり、強い意志によるものではないのです。**

It is true that there are evils and difficulties, prejudices and disasters in the world; but it is our own world and its advantages and disadvantages are our own.

たしかにこの世界には、悪、困難、偏見、災害などが存在する。しかし、それが我々の生きている世界であり、その利点も不利な点も我々のものである。(アドラー)

When children feel confident about one subject it is easier to stimulate their interest in others.

子供が一つの課題に自信を持てれば、彼らの好奇心を刺激して、他のことにも興味を持てるように仕向けることは難しくない。(アドラー)

The greatest problem in education is posed, not by the limitations of children, but by what they think their limitations are.

教育におけるもっとも大きな問題は、子供の限界ではなく、子供が自分に限界があると考えることによって引き起こされる。(アドラー)

Often, if the father is very successful or very talented, the children feel that they can never equal his achievements.

父親が非常に成功したか、あるいは、才能に恵まれているような人物であれば、子供たちは、しばしば、父親の業績に匹敵することは出来ないと感じる。(アドラー)

It is the striving for superiority that motivates every human being and is the source of every contribution we make to our culture.

すべての人を動機づけ、我々の文化に対して、我々によって成されてきたすべての貢献の源泉は、優越性の追求である。(アドラー)

Human co-operation has need of many different kinds of excellence. To one child, superiority will seem to lie in mathematical knowledge, to another in art, to a third in physical strength.

人間の協力には、多くの異なった種類の優秀さが必要である。ある子供には、優秀性は数学の知識に、他の子供には、芸術、さらに別の子供には、身体の強さにあると思えることがあるだろう。(アドラー)

We have said that feelings of inferiority are not in themselves abnormal. They are the cause of improvements in the human condition.

劣等感はそれ自体では異常ではないと言われてきた。それは人類のあらゆる進歩の原因である。(アドラー)

> The greatest problem in education is posed, not by the limitations of children, but by what they think their limitations are.
>
> 教育におけるもっとも大きな問題は、子供の限界ではなく、子供が自分に限界があると考えることによって引き起こされる。(アドラー)

> When children feel confident about one subject it is easier to stimulate their interest in others.
>
> 子供が一つの課題に自信を持てれば、彼らの好奇心を刺激して、他のことにも興味を持てるように仕向けることは難しくない。(アドラー)

【重要語句】

(1) 無意識 = フロイト (Freud, S. 1856-1939) は、精神医学的な治療体験のなかから、人間の心理的領域を意識・前意識・無意識に分けました。無意識は催眠などの特別の操作によるか、異常状態にある場合の他は意識にのぼらない心理過程であるのに対して、前意識は、意識してのぼらせることのできる、いわゆる記憶に相当する心理過程のことです。

(2) 学習のレディネス (readiness) = 学習が効果的に行われるためには、学習能力も含めて、学習者がその課題の遂行に関しての心身の準備状態を備えていることが必要です。この心身の準備状態をレディネスといいます。

(3) 「トゥインクル・トゥインクル・リトル・スター」 = このメロディーは古いフランスの子供の歌から流用したものです。このメロディーがこんなに有名になったのはモーツァルトのおかげです。このメロディーがパリで有名になったのは 1761 年ですが、モーツァルトがパリを訪れた、1778 年には当時知らないものがいないほど、このメロディーは流行っていました。これが今でも演奏されている「キラキラお星さまの主題による十二の変奏曲」です。

(4) ダッグアウト (dug out) = dug という単語は元々 dig の過去分詞です。したがって dug out という意味は元々「土を掘って外へ出す」という意味です。野球の選手達が休む場所として、球場にある「ダッグアウト (dug out)」の意味はここから来ています。

(5) ラッキーゾーン (lucky zone) = zone というのは元々、範囲という意味です。よく高校野球のときに「ラッキーゾーンに入ってホームランになった」などと言いますが、このときのラッキーゾーンとは元々「幸運にもホームランになる範囲の打球」といったような意味から来ています。

(6) バイリンガル (bilingual) = bi は「ふたつ」という意味です。そしてまた lingual は「言葉」という意味です。したがって、「ふたつの言葉を操る人」を bilingual といいます。

第2章

小学生から中学1年生までの英語教育

●小学校入学までの発達心理学

　人間の行動発達の経過は、自我―他我の意識過程や精神構造の変化などを基準にして考えてみると、**新生児期は、生後1か月頃までで、乳幼児期は、生後1か月ごろから1歳半ごろであると考えられます。**

　この時期の母親は乳児にとって、他の人間との最初の接触の機会を提供する最初の存在なのです。つまり、**母親は赤ちゃんにとって、社会生活への最初の架け橋となる存在なのです。**

　生後3〜4か月ぐらいから、意識的に、アーアーぐらいからとかウーウーなどという音声（babbling）を発し、周囲の人の言語的な反応を積み重ねて行くうちに、8か月ぐらいで、大人の簡単な言葉を理解し、生後1年ぐらいで片言を話すようになるのです。

　言語活動の発達は、思考や記憶だけではなく、他者との関係の樹立、社会性の発達にとって大切なことなのです。また、乳児の思考の特徴は、具体的思考が中心で、自己と他者との分離が不十分な状態のままに、判断を下して行動する傾向があるので、自己中心性が強い傾向があると言われています。

更に、3〜4才ごろになると、周囲のあらゆることに興味と疑問を持ち、いわゆる質問期という特殊な時期をむかえるのです。

乳幼児の知的活動の発達は、この様な成長過程をたどることになると考えられているのですが、**自分と他者との最初の社会的関係の架け橋となる母親としての役割は重要です**。人間は他者との協力なしでは生きていけません。共同体感覚を育てることを常に意識しながら、乳児と他者との架け橋となって欲しいと思います。

5歳が第一の完成期と呼ばれるように、5歳ぐらいになると、表面的には、一人の人間としての固有性を示すようになります。

アドラーは5歳から6歳くらいでも初恋を経験する人がいると言っていますが、情意的には未分化な感情状態から、感覚・知覚な刺激的や欲求の充足が伴って、恐れや喜びといった感情などが分離してきます。

更に6歳ぐらいになると、**遊び友達との競争、共同、けんかなどの社会的経験を通して、成人並みの基本的情緒・感情をもつようになるのです**。更に、この感情・情緒的な生活は、幼児を取り囲む社会生活の中でその特殊性を形成して行くのです。

つまり、親子を中心とした生活から遊び友達を中心とし

た生活へと移行して行くのです。この移行期に生じる様々な問題が、感情・情緒的にも、子供の社会性の発達にも、多大な影響を及ぼすことになるのです。

　この様な状況において、母親は子供の関心を家族関係から、社会環境、人間全般へも向けさせなければならないのです。また、**母親は子供に信頼に値する人間との出逢いの最初の機会を子供に与えなければならないのです**。更に、この信頼と友情の関係を人間社会全体のレベルまで広げる準備をしなければならないのです。

　誕生から小学校入学までの時期が乳幼児期（infant and early childhood）です。
　この時期に、離乳（weaning）、言語の獲得と使用、歩行の開始を経て、他者との関わり合いや外界認知の拡大が成し遂げられて行くのです。

　この時期において特に大切なことは、子供が嘘をついた時に厳しく注意することです。善悪の区別をしっかりと認識させることが、人間社会全体のレベルに至るまでの基本的な躾だと思います。また、**公共の場で、ボール遊び等をして騒音を出したり、大きな声で泣き叫ぶこと他の人達の迷惑になることであると認識させることが大切**だと思います。このことが社会の基本的なルールを子供に学習させる

第一歩であると考えています。

●子供を甘やかしてはいけない

　自分を世界の中心だと考えている人達の多くは、幼児期に甘やかされて育てられた経験を持つ人達です。**幼いころに、自分の欲しいものは何でも与えられて育てられた子供は、他者からなんでも与えられると思い込んでいます。**自分の望んでいることが他者によって充足されている時は機嫌がいいのですが、**拒否された場合は、ヒステリーになり、攻撃的になることがあります。**

　この症状は、「エンペラー症候群」に似た症状で、ペットによくみられます。飼い主に溺愛された犬や猫は、自分が家族の中心であると勘違いして、傍若無人な行動をする。**自分の思い通りにならないと、突然凶暴になり、飼い主に襲いかかることもあります。**

　現在の日本の社会において、児童虐待や育児放棄、家庭内暴力（子供が親に対して暴力を加える）また、一方的に片思いをして、相手が自分の気持ちを受け入れてくれないと、ストーカーとなり、最悪の場合殺害に至ることも珍しくありません。幼少期に甘やかされて、自分が世界の中心であると考えて大人になった人は、人一倍強い「承認欲求（しょうにんよっきゅう）」**を持つ傾向があります。誰でも他人に認められたいという**

「承認欲求」はありますが、強烈な「承認欲求」があると、様々な問題が生じてきます。

　他者から褒められたり、チヤホヤされたり、注目されないと、「なぜ自分は認めてもらえないのだ。」と憤慨したり、他者に対して攻撃的になる傾向があります。

　例えば子供が、他人に迷惑をかけるようなことをした場合、親は感情的に怒るのではなく、子供を注意しなければいけない。その時必ず、子供に対して、なぜ自分が注意されているのか、子供が納得のゆく理由を説明しなければいけません。

**　強い承認欲求を持つようになった人は、幼少期において甘やかされて育てられたことに加えて、「賞罰教育」の影響もあると私は思います。賞罰教育を受けて承認欲求を持つようになった子供は、他者から褒められない（承認されない）行動をしなくなってしまいます。**

　他者の目がなければ、困っている人を助けたり、ごみが落ちていても拾おうともしません。他者に注目されることを行動の目的と考える人は、他人から褒められたり、承認されなければ何もしなくなるのです。承認欲求や自己中心性から脱却するには、「他の人の目で見て、他の人の心で感じる」ように努めなければなりません。他人の立場に立

たなければ、相手の言動を理解することが出来ません。

　他者は自分の期待を満たすために生きているのではないし、自分もまた他者の期待を満たすために生きていることをしっかりと認識することが必要です。

　他者から嫌われるのを怖れて、他者の期待を満たそうとする人、つまり、他者から承認されたいがために、不本意な行動をとってしまう人は。自分の人生でなく、他者の人生をいきることになってしまいます。

　自分の人生を生きようとすれば、必然的に他者との摩擦が起こり、他者から嫌われることもありますが、「自分には自分の生き方がある。他人がどう思うが、自分は他人の目を気にせずに、前向きに自分の信ずる自分のための人生を生きて行こう。」と考えれば、他者からの承認など全く必要ありません。

　他者からの承認に依存するような生き方をしなくて済むようになります。「**たった一度しかない、自分のための人生を自由に生きることが、何と素晴らしいことか！**」私は20歳の冬、人生のどん底の中で、このことに気づきました。以来、この生き方を貫いてきました。

●「ハロー」「グッバイ」で終わらないコミュニケーション
　英語で話してみたい、何でもいいから外国の人に話しか

けてみたい、国際化の初期の段階ではこれで、よかったのかもしれませんが、これからは、単に挨拶ができる程度の英語力ではまったく役に立ちません。

　ご近所付き合いでも、親しくなる前は挨拶と時候の話で済ませられますが、親しくなってきたら、相手の話をよく聞いて、適切な受け答えをし、こちらの意見も述べなければなりません。国際化も今や「ハロー」「グッバイ」の時代から、政治やビジネス、学問など専門的な意見交換の段階に入ってきたと言えるでしょう。

　より高度なコミュニケーションにおいては相手の文化、生活様式、習慣などを理解したうえで発言することが大切です。さもないと国際理解どころかトラブルの元になりかねません。

　日本人は自分の英語が通じるかどうかに敏感(びんかん)になるあまり、相手が何を考えているか、自分は何を伝えるべきかといういちばん根本的な問題を見失ってしまうケースが多いと言われています。

●**毎日、短時間でも机に向かう学習習慣は早い時期につける**
　小学生の英語学習を考えるとき、まず英語の基本を学んで、先のことはそれからゆっくり考えればいい、と思われるかもしれません。しかし、どの学科にも共通して言える

ことですが、最終到達点をイメージし、そこへの最短の道を考えるのが効率的な学習方法です。無駄や回り道が多いと学習意欲にも影響します

　一日の生活の中に、自主的に楽しく学ぶ時間を作ることが大切です。これからまだまだ続く学校生活で、この習慣のあるなしは、学力を大きく左右します。理想的な学習習慣は、子供の能力と可能性を無限に伸ばしていきます。いきなり長時間、勉強しなさいといっても子供には無理があります。それよりも十分でも二十分でも集中して学習し、それを毎日続けることが肝心です。そんな理想的な学習習慣を、できるだけ早い時期に身に付けさせてあげてください。人に教えられなくても、自分の力だけで進めることを知ったとき、子供はとたんに勉強が面白くなります。自習で学んで行く楽しさを経験すれば、旺盛な学習意欲が生まれ、さらに高く伸びていこうと考えます。学習教材は、「小刻みなステップ」(7)で、子供が自習だけで続けていけるように構成されているものが理想的です。

●基礎学力をチェックする
　学習はやる気がでてから……という声をまだ耳にします。でも、小学高学年から中学1年生で学ぶ英語の授業は、

すべての学習の土台となる基礎学力をつける大切な時期です。

この最も大切な時期に英語を嫌いになって苦手意識を抱くようになってしまうと、残こされた人生の多くの時間を不愉快な、暗い気持ちで過ごすことになってしまいます。

中学、高校と進むにつれて、毎日のように英語の授業があり、その時間を暗い気持ちで過ごすことになってしまうのです。自分の希望する大学や専攻に進もうとしても、英語の点数が低い場合には、英語が進路を阻むことになってしまいます。

今日の国際化社会、英語重視の社会においては、社会人になってからも英語によって、人生の可能性が狭められてしまうこともあるのです。

それとは逆に、**英語が大好きになり、得意科目になると、人生はバラ色です。英語の授業が楽しくて、毎日が希望に満ち溢れています。中学・高校の青春時代も英語のお蔭で、毎日楽しい充実した時間を過ごすことが出来ます。自分の希望する大学や専攻に進む場合でも、英語で高得点を取ることによって、将来の道は開かれて行きます。**

自分の目指す職業に就くためにも英語は重要な役割を果たしてくれます。私の人生は正に英語によって切り開かれたものでした。だから、自信を持って言えます。

「英語で人生を切り開くことが出来る。そうすれば、楽しい時間を過ごせて、必ず幸せになることが出来る」この時期は、英語を学ぶ楽しさを実感させながら確かな土台を築いていくことが大切です。

これまでに私が述べてきた、幼児期の広い意味での言語の基礎に立脚した英語教育を日常生活の中でごく自然な形で実践して行くことは、ある種の**無意図的教育**(8)と言えます。そしてもう一方の教育方法としては、意図的で**系統的学習**(9)も必要であると考えられます。

無意図的学習と系統的学習の調和こそが、理想的な初等英語教育であると思います。こうすることによって、「**生きた英文法**」(10)を基盤とした幅広い実践的な英語力が身につくのではないかと思います。

Some children only work if they are praised and appreciated. Many pampered children do very well in their schoolwork so long as they can gain the attention of their teachers. If they lose this position of special consideration, trouble begins.

他者から賞賛され、評価される時にだけ、勉強する子供がいる。多くの甘やかされた子供たちは、教師の注目を得られる限りは、宿題をちゃんとやるが、特別に考慮してもらえるという立場を失えば、トラブルが始まる。

（アドラー）

As adults, these spoilt children are perhaps the most dangerous group in our community.

甘やかされた子供たちが大人になると、多分、我々の共同体の中で、最も危険な種類の人間になるだろう。
(アドラー)

From the moment of birth babies seek to bond with their mother. This is the purpose of all their behavior. For many months their mother plays by far the most important role in their lives.

誕生の瞬間から赤ちゃんは母親との絆を求める。これが赤ちゃんの行動の全ての目的である。何か月もの間、母親は、赤ちゃんの人生において、明らかに、最も重要な役割を演じる。(アドラー)

She must also turn the children's interest to their social environment; to the other children in the family, to friends, relatives and fellow human beings in general.

母親は子供の関心を社会環境、つまり、家族の中の他の子供たち、友人、親戚、仲間の人間全般へも向けさせなければならない。(アドラー)

【重要語句】

(7) 小刻みなステップ＝スモール・ステップとも言われ行動主義心理学の学習理論を背景として提唱された学習方式です。たとえば、スキナーのプログラム学習などは道具的条件づけの原理を学習指導に応用し、学習目標に到着するプロセスをスモール・ステップで構成し、そのプログラムに従って学習を進める方式です。

(8) 無意図的教育＝学校教育は明確な目標をもつ意図的教育ですが、学習者は無理な意図づけを行わなくても、ごく自然に統治され、必要とされる行動や態度を習得して行くものです。こうした教育形態を無意図的教育といいます。つまり、はっきりと教育しようという計画を持たずに行う教育のことで、自然的教育と同義的に用いられています。

(9) 系統的学習＝問題解決学習に対して用いられる語。教科として、論理的構造の学問体系にしたがってすすめられる学習。系統的な学習は、生活を重視した経験カリキュラムの単元学習においては無視されがちですが、英語の学習においては、ドリルの点からも、学習者の社会的生活や心身の発達段階にのみこだわらず、系統的な学習をとり入れて行く必要があると思います。

(10) 生きた英文法＝いわゆる単なる知識としての英文法のことではなく、実際に活用できるコミュニケーションのための英文法の知識をいいます。したがって、日常会話においてこの生きた文法の知識は理論的な話をする上で、極めて重要な役割を果たします。

column　心に残る英語の歌

　ビートルズの *Yesterday* の歌詞の一部です。
　「恋人が、ある日突然、理由も告げずに自分の元から去って行ってしまった。僕が、その理由を尋ねても、彼女は、その理由を話してくれなかった。僕は何か、彼女の心を傷つけるようなことを言ってしまったのだろうか。」という内容です。**この歌詞には、おそらく誰もが一度は経験するような、普遍性が秘められているからこそ、時代を超えて、世界中の多くの人々に感動を与え続けているのではないでしょうか。**一瞬のうちに恋が消えてしまったことに対して、男性が女性にその理由を尋ねても彼女は何も答えない。つまり、**この恋の終わりには理由がないのです。**
　私は長年、学生たちの恋愛相談を受けて来ましたが、その経験を通して言えることは、女性の方から別れ話を切り出し、恋に終止符を打たれてしまったら、男性は潔く、身を引くべきだと思います。
　なぜならば、この場合の恋愛関係は、もはや修復不可能だからです。女性は、一度捨ててしまった恋に全く未練は残しません。
　恋愛は一種の薬物中毒に似ています。恋に落ちると脳内のドーパミンが分泌して、陶酔状態に陥ります。しかし、時間と共に脳は通常の状態に戻るのです。
　この様な経験を何度も繰り返しながら、時間が流れ、人は成長して行くのです。真剣に自分自身の内面と向き合う時間を過ごした人間は、必ず豊かな、悔いのない人生を歩むことが出来るのです。

第3章

中学生・高校生に楽しく英語を学ばせる秘訣 ―「やればできる」という気持ちを起こさせる

●テレビ・ラジオを通して楽しく英語を学ばせるとよい

最近はテレビ、ラジオだけでなく、インターネットでも英語を勉強する手段・機会が非常に充実してきています。

特に**NHKの基礎英語（1）、基礎英語（2）、基礎英語（3）、あるいは英語会話といったNHKの講座は、英語の学習の発達段階に応じて視聴者が自由に選択できるようになっています**。希望に応じて、あるいは時間が許す限りにおいて、掛け持って聞いても十分英語が上達するようにカリキュラムが整えられていますので、できるだけテレビあるいはラジオを利用して英語を学んで行くといいと思います。

これはひとつには**外国人の先生が必ず日本人の先生とペアになって授業を進める形態をとっている点で、英語の発音などを自然にマスターする上で非常に良いと思います**。

そしてまた簡単なダイアログ（dialogue）なども必ず、毎日、番組ごとに整えられているので、非常に親しみながら英語を学ぶことができる点において、テレビやラジオというものは英語の勉強においても今日、極めて重要な役割を果たしています。

たとえばラジオ番組では、特に**「基礎英語(1)」、「基礎英語(2)」、「基礎英語(3)」は、できれば中学生、高校生だけではなく、広く社会人にも聴いて欲しい番組**だと私は思います。

その場合でも子供だけに「英語を勉強しろ、勉強しろ」と二言目には言うのではなくて、親も子供が勉強する時、一緒にラジオを聞いたりテレビを見ながら勉強しても面白いと思います。

　中学英語というと「簡単過ぎて、いまさらこんなものを勉強しても仕方が無いのではないか」と皆さんは思われるかもしれませんが、しかし、**海外の日常生活において、中学英語さえできれば日常会話の 80 パーセントは大丈夫だと言われています。**

　ですから中学英語の存在を決してバカにせずに、**子供がテレビを見ながら英語の勉強していたら、お父さん、お母さんも、学生時代を懐かしく振り返りながら子供と一緒に勉強するような気持ちでやると良いと思います。**

●インターネットで 24 時間、NHK の英語講座を無料で聴ける

　皆さんは、インターネットで 24 時間、NHK の英語講座を無料で聴くことが出来ることをごぞんじでしょうか？

　以前は、NHK の基礎英語などの放送は、放送される時間帯が決められていたので、その時間にラジオのスイッチを入れて集中的に耳を傾けなければなりませんでした。

でも 2009 年 4 月から、ラジオで放送された番組が 1 週

間遅れで、1週間単位で、インターネットを通して月曜日の午前 10 時まで 24 時間流されているのです。

　月曜日の午前 10 時を過ぎると 1 週間分の放送は全て消去されて、次の週の 1 週間分の放送が流されるのです。だから、忙しい時には、土曜や日曜日に、まとめて 1 週間分の放送を聴くこともできます。

　さらに関連サイト「**ゴガクル**」では、番組に関連した様々なコンテンツで復習やプラス・アルファの学習が出来るようになっています。

　また、2011 年 9 月から NHK ネットラジオ「らじる★らじる」がはじまりました。これは、NHK が放送しているラジオ第一、ラジオ第二、FM の番組を、インターネットを通して、放送と同時に提供するというサービスです。このサービスを使えば、外出中でも、パソコンかスマートホンがあれば、NHK のラジオ英語講座を聴くことが出来ます。

　子供は、親の後ろ姿を見て育ちます。この際、皆さんも英会話や実践ビジネス英語講座をインターネットで始めてみませんか。

　私は、大学教授を定年退職した現在でも、部屋の片付けをしたり、庭の花に水をやったりしながら、パソコンのスイッチを入れて、テキストを見ずに、流れてくる英語のリ

ズムに気楽に耳をかたむけて、繰り返し英語を聴くことが毎日の習慣になっています。

　個人的には、「ラジオ英会話」、「実践ビジネス英語」、「まいにちフランス語」、「まいにちドイツ語」のテキストを購読していますが、**これらのテキストは、最終的に知識を確認する時に目を通すことにしています。各テキストには詳しく、丁寧な、分かりやすい解説・説明が付けられているので、とても便利です。**テキストは500円程度ですが、購入しておくと、必ず、すべての放送を聴いて、テキストに目を通さないと、「もったいない」という気持ちになります。

　2年間、「まいにちフランス語」講座を毎日繰り返し聴いていたら、ゼロから出発したのに、今ではフランス語の簡単な会話を聴き取って話せるばかりではなく、フランス語の簡単な雑誌やパンフレットも読めるようになりました。

　特に、**フランス語とドイツ語は、NHKのテレビ講座も楽しみながら見ています。様々な美しい映像を通して、フランス、ドイツの文化、美術、音楽、芸術などを学ぶことが出来て、人生が豊かになりました。**NHKのテレビ・ラジオの番組を活用することが、最も効率的な語学上達の道だと思います。

　テキスト代は1年間で12冊計6000円程度です。2年間で、1万2000円程度で、フランス語をゼロからものにで

きました。

　やはり耳から英語、フランス語、ドイツ語を聴いて理解する楽しみは、やめられません。

　1冊500円程度のテキストですが、毎月数十万部以上購読されているベストセラーだけの価値は十分にあります。最高の理想的な英語教材であると思います。

　私もNHK教育テレビ講師を勤めていた時に、自分の番組のためのテキストを作成したことがありますが、あの時ほど勉強になったことはありませんでした。このワンコイン程度で買えるテキストの中身は極めて濃厚です。

　日本人は英語の勉強に、あまりにも多くの時間とお金を浪費(ろうひ)しすぎているのではないかと思います。

　高額な授業料を払って英会話学校へ行くのはもったいないです！　短期語学留学で高額な授業料を払うのも、もったいないです！　短期語学留学するより、NHK英語講座を一か月毎日聴いた方がいいと思います。

●**英米のフォークソング・ジャズ・ロックに興味を持たせる**

　最近の子供はコンパクト・ディスクなどの普及によってロックやジャズというものに非常に詳しいというか、こういった音楽を驚くほど知っています。したがって、音楽をガンガン鳴らしているからといって、すぐに「うるさい！」

と言って怒るのではなくて、ジャズとかロックを子供に自由に聴かせることによって知らず知らずのうちに英語を学ばせるのもひとつの方法ではなかろうかと思います。

フォークソング(11) **やカントリー・ミュージック**(12) **等も英語を勉強するうえでは非常に重要な役割を果たす教材のひとつと考えていいと思います。**たとえば「花はどこへ行った」「グリーン・グラス・オブ・ホーム」「カントリー・ロード」といった類の歌は、英語のイントネーションとか英語の発音などをマスターするうえにおいて極めて重要な役割を果たすものだと思います。

● **海外にメル友を持たせるとよい**

中学生や高校生の頃は自分の心の悩みというものを人に知ってもらいたいという欲求が特に強い時期です。特に異性の友達を求める気持ちが非常に強いと思うのです。

お父さん、お母さんも一度くらい誰かと文通した経験があると思うのですが、特に中学生あるいは高校生の一時期、徐々に英語というものを自分が使いこなせるというか、英語で自分の考えとか気持ちというものを表現できるような段階になると、海外にメル友を持ちたがる傾向にあります。

これはただ単に英作文の力をつけるとかつけないとかの問題ではなく、子供の眼を海外に向けさせるとか、あるい

は自分の気持ちや考えを何とか自分の持っている英語の実力で表現させるといったような機会を、子供に与えるうえにおいて非常に大切だと思います。

　海外に異性の友達をもって文通しているということを非常に心配するお父さん、お母さんもいらっしゃるかもしれませんが、それは遠くから見守ってあげて、手紙やEメールの内容をあれこれ問うようなことは絶対にしない方がよいと思います。

● 「よきライバル」と切磋琢磨(せっさたくま)するのもよい

　中学生ぐらいになって自我(13)が確立してくるようになると、自分自身というものを絶えず人と比較して考えるような時期にさしかかると思います。

　良い面でも悪い面においても人と自分をある程度比較して行くというところに中学生の心理の特徴があるわけですが、それをうまく利用すると英語学習においてもよい効果が生まれることが少なくありません。

　私は中学の時に英語ばかりではなく他の科目も苦手だったわけですが、ひとり自分にとって生涯忘れることのできないようなライバルというのがいました。

　彼〈Y君〉は、今は不幸にして両目を失明してしまいましたが、彼と一緒に励まし合いながら勉強してきたことが

今日の自分自身を築いているのだと思います。

　ちょうど**自分と同じくらいの力を持っていて、なおかつ、性格的にも非常に相性のいいような友達というものは、中学時代あるいは高校時代に極めて大切な存在になる**と思います。

　ただし、ここでひとつ注意しなければならないことは、そのよき子供のライバルと自分の子供とを比較して「誰々君はこんなにできたのに、おまえはどうしてこんなにできないのだ」と絶えずそういったことを言って、子供の心を傷つけては、せっかく伸びようとしている芽を摘んでしまうような結果になりがちなので、**決して子供の親しい友達を引合いに出して自分自身の子供をけなしたりしてはいけない**と思います。そうすることによって大切な友達というものを失ってしまい、結果的には子供が英語を嫌いになってしまうことがあるからです。

【重要語句】

(11) フォークソング＝特に'70年代前後において流行した曲で一般大衆に親しまれた、特にアメリカの曲を指します。英語教育においてはフォークソングをギターなどで弾いて生徒に教えることによって楽しく英語を勉強することができると思います。'70年前後の"P・P・M""ブラザース・フォア"などは歌いやすいと思います。出てくる単語も比較的やさしく、繰り返しが多いので、覚える単語数も少なくてすみます。

(12) カントリー・ミュージック＝アメリカ南西部が発祥の地。国内では数は少なくあまり手に入らないようですが、本場アメリカへ行くとものすごい数の曲があります。しかし、ここで言っているのはもっとポピュラーで歌いやすいものです。本文中でも述べてありますが、「グリーン・グラス・オブ・ホーム（トム・ジョーンズ）」や「カントリー・ロード（オリビア・ニュートン・ジョンでヒット、他に多数の歌手が歌っている）」などがあります。またカントリーではありませんが、今、映画で盛んに使われている1960年代のヒット曲などもよいと思います。「煙が目にしみる（プラターズ）」「アンチュインド・メロディー（ライチャルス・ブラザース）」、その他。

(13) 自我 (ego) ＝一般心理学では、認識的、意欲的な行為の諸機能の中核としての説明概念。精神分析では、構造論的な概念で、エス・超自我と並ぶ心理機制。自我は自己を見つめ、批判し、評価したりすることもあります。自我はエスと超自我の葛藤を調停する機能も果たします。

第4章

英語に対する自信を深めさせる ― 子供が英語の勉強につまずいた時、親は何をすべきか

●時には弟や妹を相手に英語を教えさせてみるとよい

　「**人間は教えているうちに学ぶ**」といった有名な言葉がありますが、私はまさにそのとおりであると思います。教わる側というものは常に受身的な状況にあるので、たとえ予習をおろそかにしても、先生に叱られはすれども、さして深刻な状況に直面するわけではありません。

　しかし、いったん教える側に回った場合には、**教える内容を自分自身が知識として知っているばかりではなく、完全に理解していなければ、決して他人には教えることができない**のです。

　したがって、**中学三年生が中学一年生の弟に対して英語を教えるような場合にも、すでに中学一年生の英語を100パーセント理解していなければ教えることはできないのです。ですから中学三年生のお兄さん自身も中学一年生の弟を教えながら、知らないうちに中学一年生の英語を復習していることになります。**

　さらにまた、相手に対して教えるという側に立った場合、人間には不思議と自信というものがついてくるものです。この自信が非常に大切なものであるというのは言うまでもありません。したがって、中学三年生のお兄さんが中学一年生の弟をたとえ1時間ないし2時間だけでも教えた場合には、「同じ兄弟なのだから、タダで教えるのが当り前で

しょう」などと言わずに、その場合、お兄さんに対して1,000円や2,000円のお小遣いをあげてもいいくらいだと思います。

これは一種の外発的動機づけだと思いますが、弟を教えることによって千円のお金をもらったといった自信が何ものにも代えがたいものになると思います。

親と子の対話というものは非常に大切なことであることは言うまでもありません。夕飯の時に「今日は学校で関係代名詞というものを教わった」とか、あるいは「命令形を教わった」とか、そのようなことを子供が得意げにしゃべるような場合、親はたとえ「こんなつまらないこと」と思いながらも、しかし、子供の前ではそういった気持ちをおくびにも出さずに「ああ、なるほど関係代名詞ね」などと言いながら、**感心しながら子供の話を聞いてあげることが、子供のプライドを傷つけずに子供の学ぶ喜びを高めて行くのに非常に重要なことであると思います。**

時には夕飯を食べながら、家族のだんらんの時などに「おまえは一体将来は何になるんだ」と、子供に何気なしに聞いてあげることも大切であると思います。

たとえば子供が「商社マンになりたい」とか「外交官に

なりたい」とか、「高校の英語の先生になりたい」とか言った場合、「じゃ、英語ができなければいけないね」、あるいは「そういった職業につくには英語の勉強が必要ね」とか言って、励ましてあげればいいと思います。頭から「外交官なんて試験が難しくておまえには無理だよ」とか「商社マンは帰りが遅いから、なってもしかたない」とか、「給料があまりもらえない」とか、そのような**マイナス思考的なことを言って子供の気持ちを傷つけて、やる気をなくさせてはいけません。必ずその職業の持つよい面を子供に教えてあげる**といいのです。

たとえば商社マンなら「海外にはちょくちょく仕事で行けるし、世界中のおいしいものが食べられる」とか、あるいは「キャビンアテンダント（CA）になりたい」と娘が言ったら「あれは大変な仕事で、飛行機なんかいつ落ちるかわからない」などというような否定的なことを言わずに、「キャビンアテンダント（CA）になれば、タダで海外旅行ができるし、キャビンアテンダント（CA）はとっても素敵な職業だ」「女性にとっては花形の職業だ」などと言いながら、「でも、そのためには英語をマスターするのが大切だよ」と言って**子供を励ましてやるのが大切であると思います。すべてをプラス思考で考えていかなければいけない**と思います。

● **基本的な問題を多く解かせることにより自信を持たせる**

　問題集をやっていて難しい問題があり、子供が右往左往している時に「どうしてこんな簡単なものができないのか」などと頭から言ってはいけません。

　子供が一カ月あるいは三カ月前にやってできた問題をさりげなく解かせることによって子供に自信を持たせ、さらに高い段階へ導いてやるのが大切であると思います。

　「どうしてこんな簡単なものができないのか」といったような**言葉を吐く教師や親というものは失格だ**と私は思います。基本的な問題を多く解くということは、それだけ英語に対する慣れ、あるいは感覚といったようなものを磨くことになりますし、**英語は基礎が絶対的に大切な学科なので基礎はいくらやってもやりすぎることはないと思います。**

　「やさしいテストで満点を取ってもしかたないじゃないか」などと言う人もいるかもしれませんが、やはり百点を取るとうれしいものです。そしてまた、英検などを受けて合格すると、たとえ級は低くとも受かったことが、ひとつの達成感・成功感というものを感じさせてくれて、決して悪い気はしないものです。

　したがって、野球のチームがスランプに陥ったときによく言われることですが、「**スランプを脱出する一番いい薬は勝つことだ**」とはまさにこのことだと思います。それと

同じように、とにかく、子供に満点体験あるいは、成功体験というものをできるだけたくさん持たせることによって、**子供に無意識のうちに自信をつけさせ、さらに英語の勉強を進めたいといったような気持ちにさせることが大切であると思います。**

学校や学習塾などで、平均点が50点以下ぐらいの難しいテストばかりやって、生徒に不安感を与えることにより生徒の実力を伸ばそうとする姿勢には私はあまり賛成できません。

テストをやる場合には平均点が少なくとも60点から70点程度のテストというものを作成するべきであると思います。

もしも、テストの成績が平均20点あるいは30点のようなものを作って子供の尻をたたいても子供は決して伸びず、萎縮してしまうと思います。

かといって、いつも全員が百点を取れるようなテストでもいけないと思います。試験を作る場合にはその**目安は平均65点前後といったものが理想的なのではないでしょうか。**

● **英語の発音を間違っても人前で恥をかかせてはいけない**

英語の発音は元々日本人には、完璧にできないようにで

きているものです。英語の発音を外国人並にやろうと思って努力することは非常に大切かもしれませんけれど、日本人のあごの骨格自体が英語の発音には向いていないので、日本人は元々英語の発音というものを苦手にしています。

　したがって、**英語の発音がたとえ下手でも、あるいは英語のイントネーションを間違った場合でも、他人の前、特に異性の前で大恥をかかせるようなことは絶対にやめて欲しい**と思います。

　本人に個人的に注意することはいいのですが、**何十人もの前でもって英語を読ませ、そして発音が悪いからといって、一言、一言先生が直して行くようなことをしたら生徒は常に「英語の発音を間違って、明日もみんなの前で恥をかかされるのではないだろうか」といったような気持ちばかり先立ってしまい、ついつい人前で英語をしゃべったり、英語の発音をすることを嫌ってしまい、ますます英語の不得意な子になってしまう**と思います。

　したがって、ある程度、我慢できるくらいの発音の悪さというものは大目に見てあげたらいかがでしょうか。

　また、先生も得意がって外国人のような発音をみせびらかさずに「日本人というものは元々、英語の発音というものは苦手なんだよ。**僕も英語の発音はとっても苦手だったんだよ。でもテレビやラジオで勉強すれば少しずつ発音が**

うまくなるから、テレビやラジオをうまく利用して英語を勉強してごらん」といったようなことを生徒に教えてあげることか大切であると思います。

　自分自身の意見を日本語で言うのも大変なのに、英語を使って自分自身の意見を言えといっても無理だ、と頭から決めつけてしまわれるかもしれませんが、英語の弁論大会というよりも、もっとリラックスしたかたちで、英語で自分の意見を言ってみようなどといったような催しを中学校でやってみるのもおもしろいかと思います。

　なるべく弁論大会などという堅苦しい言葉は避けて「**英語で自分を語りましょう**」といったような、**親しみやすい題を付けて生徒達に簡単な英語を自由に話させる機会を持たせることも大切**であると思います。

　「中学一年生の段階からでは絶対に無理だ」などと言う人がいるかもしれませんが、中学一年生の夏休みあたりからでも簡単な英語を使って表現できるはずです。だから中学一年生には中学一年生なりの簡単な英語を使って表現させ、中学二年生には中学二年生なりの英語を使って表現させる、**中学三年生には中学三年生なりの英語を使って表現させるような訓練も大切**であると思います。

　ここで一番大切なのは、間違っても決して笑わない、特

に英語の発音やイントネーションなどのような細かいことをあまり気にせず、とにかく自分の言いたいことを英語で表現させるといったような点に主眼をおく必要があると思います。

● **英語の歌をできるだけたくさん覚えさせるとよい**

詰め込みで英語の歌を覚えさせるのではなくて、子供たちの好きな英語の歌の中から、3曲から4曲ぐらいをそれとなく生徒に覚えさせる機会を持つべきであると思います。

英語の歌は一見、難しそうに見えても一度覚えてしまうと忘れないもので、暇な時に口ずさんだりしているうちに、いつの間にか自分の心の歌になって行くものです。

ここで注意しなければならないことは、特に授業中に英語の歌を教えるような場合、ひとりひとり教壇に立って歌わせるなどということは決してやってはいけないと思います。これは歌や英語の得意な子供ならよいのですが、歌自体、英語自体が下手な子にとっては死ぬほどつらいことだと思います。これは一種の精神的拷問であると私は思います。

私も大学で学生には最低、5曲の英語の歌を歌えるようにといって英語の歌を教えていますが、これは学生の前で

私自身が歌を歌って、そしてまた学生も歌うなどというようなことはしません。

　私は英語の歌を約20曲、テープの中に吹き込んでいき、その歌の歌詞の書かれているプリントを学生全員に配ります。そして学生たちにはその20曲のうちで自分の好きな5曲を選んで、完璧に歌えるようにしてきなさいと言って宿題を与えます。

　しかし、**決してひとりひとりを歌わせるというようなことはせずに、自分の好きな曲、5曲どれでもいいから覚えてきて、とにかく自分で書けるようにしてきなさいと言って、次の週の時間、白紙を学生に渡し、一斉に自分の好きな曲、5曲を何も見ずに書かせます**。すると驚いたことに、学生は必ず、20曲のうち自分の好きな歌5曲を任意で選び出し、ほぼ完璧なかたちで英語の歌詞を白紙に書いて私に提出してくれます。

　この記憶力というものは驚くべきもので、やはり**英語をただ単に暗記させて紙に書かせたら、5曲分の英語というものは覚えられないと思います。しかし、リズムを付けて英語の歌詞を頭の中で覚えているために、その5曲はほとんど完璧な形で答案用紙の中に描き出されるのです**。

　中学生の場合にもこれと同じことがいえるのだと思います。しかし英語の歌をただ「覚えろ、覚えろ」と言ったと

しても、**人間というのは元来、怠け者にできているので、誰かに半強制的に覚えさせられないと覚えないものです。**

したがって、中学生、高校生に対しても「来週までに自分の好きな曲を3曲覚えてきなさい。来週簡単にテストをしますから」と言えば、生徒は不思議に3曲を完璧までに覚えてきて、そして答案用紙を埋めてくれると思います。たとえどんなに**英語が嫌いな子でも英語の歌は好きな子が多い**のです。このような点を理解してやって生徒にやる気と自信を起こさせるということも大切なことではないでしょうか。

この英語の歌は、たとえ日本人が作曲した英語の歌でもよいと思います。自分の好きな歌手は誰でもひとりかふたりいるもので、そしてまた自分の好きな英語の曲は2、3曲必ずあると思います。このような**生徒の好奇心をうまく活用して、英語の自信とやる気を引き出してあげることも大切ではないでしょうか。**

動機づけにおいて非常に大切なことは目標の設定にあるということは、先に述べましたけれども、しかしその**目標を設定しても比較的に身近なところに目標を設定せねば具体的な対策というものは立てられない**と思います。

したがって、学生の段階における比較的身近なところの

目標というのは、たとえば中学一年生は英検の五級、中学二年生は英検の四級、中学三年生は英検の三級といったようなぐあいの目標でもいいと思います。

英語の成績がクラスで何番になるのがいいといったような具体的な目標もありますが、あまりクラスの中での競争というものはあおらない方がよいと思います。やはり一番手っ取り早い具体的な身近な目標というのは、実用英語技能検定ではないでしょうか。中学一年生でも優秀な子は四級に合格することができるし、中学三年生の生徒で半数ぐらいは英検の四級に合格し、ある程度優秀な生徒は英検の三級でも合格できるようなこともあります。

このように**英検を中学生や高校生の英語教育のひとつの目安として活用するのも英語学習の動機づけをするうえで効果的であると思います。**

第5章

劣等感をバネにして、プラス思考にする習慣をつける

●**劣等感は目標に向かって、前進するためのプラスのエネルギー**

アドラーは劣等感を、理想とする自分の目標に向かって進むための刺激として捉えました。

自分自身が、理想の自分に向かって、少しでも近づきたい、自分自身が今の自分よりも向上したいと思う気持ちが劣等感を生むと考えました。

この劣等感を補おうとして、向上心が生まれ、人間は努力すると考えたのです。

人間は常に「優越性を追求しようとする」とアドラーは言いますが、その過程において人間は悩みます。

自分が思ったような結果が得られないのに他者は素晴らしい結果を残し、社会的承認を得ているような場合、**劣等感は異常に膨れ上がってしまい、苦しい状況に追い込まれてしまいます。**

この様な状況に陥ってしまうと、自分自身の精神的な安定を求めるあまり、一時的に自分に嘘をつき、自分を実際以上に優れていることをことさらひけらかす優越コンプレックスに陥ることがあります。

また、特別な感情を抱いている異性の前では、つい、自分を「実際以上に大きく見せようとする」傾向があります。しかし、**自分を「実際以上に大きく見せようとする」こと**

は、現実の自分とは違う自分を演じなければならないので、とても疲れてしまいます。

だから、見栄を張らずに、あるがままの自分でいれば、楽で、疲れないでいられるのです。自分の嘘や虚像が現実のモノではないことを他者から見抜かれる不安に恐れおののかなくてもいいのです。

他者は自分が思っているほど、他者の存在には無頓着なのです。どうでもいいのです。自分のことを気にしているのは自分だけであり、他人は自分が思っているほど人のことには関心がないのです。

● 劣等感をプラスの方向に向ける

アドラーは、他者と自分との比較で劣等感を感じるのではなく、現実の自分と自分の目標とのギャップに対して抱く**マイナスの感情も劣等感と考えました。**

つまり、アドラーは、劣等感を目標に向かって、前進するための刺激、原動力、プラスのエネルギーと考えました。

これは、決して悪いことではありません。劣等感は、目標に向かって努力をし、人生をよりよくしようとしている結果として抱く感情なのです。劣等感をバネにして飛躍すればいいのです。

この劣等感をプラスの方向に向けるか、マイナスの方向

に向けるかは、自分次第です。

　劣等感に対処する際に、相手に対して嫉妬心（マイナスの感情）を抱くだけでは、進歩、成長することはできません。例えば、相手を追い抜けるように、勉強の方法を変えてみよう」とか「新しい企画を立ててみよう」とか、自分を高めるための目標を、新たに設定するのです。

　これが、アドラーのいう「**優越性の追求**」です。努力をしても挫折や失敗に終わることもありますが、そのたびに新たな目標を設定し、次の目標に向かって、一歩一歩前進してください。必ず、道は開けてくるものです。結果よりも過程を重視してください。こんなに努力している自分自身を認めて「よくここまで、がんばったね。えらいよ。」と自分を褒めてあげてください。

　周りの人が何を言おうと、他者の評価などには気にしないで自分の信じた道を進ませてあげてください。周りの人間の賞賛ばかりを気にして、失敗したら「人から後ろ指を指される」とか「笑われる、軽蔑される、などと考えていると、自分の人生ではなく、他人から評価されるための人生を歩むことしなり、失敗した時大きな落胆が生まれ、劣等感は必要以上に膨張してしまいます。

　あくまでも自分の人生は自分が決めたものです。「優越性の追求」は向上心なのです。前向きに生きるための「優

越性の追求」や「向上心」をなくした人間は、生ける屍に過ぎません。

　目標に向かって、ひたすら努力している人を羨ましいと思う人はいるかもしれませんが、心から軽蔑し、バカにする人などはいません。もし、そのような人がいるとすれば、ひた向きな生き方に嫉妬している、哀れな、不幸な人間なのだと思います。

　子供が興味を持ったことに対しては、どんどん挑戦させた方がいいと思います。それが成功しても失敗しても、大きな精神的成長が期待できるでしょう。

　子供が失敗した場合でも「失敗は気にしなくていい。次に成功すればいい」と前向きに考える習慣をつけさせることが大切なのです。そうすれば、次はどうすれば成功できるかを自分で考えて、何事に対しても勇気をもって挑戦する子供に成長することが期待できるでしょう。

　結果を褒めるだけでは、子供の意欲を高めることは出来ません。褒められることが、Motivationになってしまうと、英語の成績やテストの結果が悪かった場合、子供は「褒められないから頑張らない」と考えてしまいます。

　褒めるのではなく、認めて上げることの方が子供を動機づけすることにつながるのです。大切なのは、英語のテス

トの点数自体を褒めるのではなく、それに至る過程をみとめてあげることなのです。そうすれば、子供は満足感や充足感を得ることによって、学習意欲を高められるでしょう。「いつもがんばっているから、これから英語の成績は伸びで行くよ」などと言って励ましてあげると、子供は努力しようという意欲を高めることでしょう。

　結果を褒めるのではなく、本人の行動、努力の過程を認めて上げることが大切なのです。

　目標を目指す過程で自分で考えて、努力し、自ら行動したという経験は、子供たちにとっては何事にも代えがたいことであり、将来必ずプラスになりますことと思います。

●「羨望(せんぼう)」と「嫉妬(しっと)」の違い

　「羨望」と「嫉妬」は、一見似ているように思えますが、「羨望」のほうは、その相手の人を目標しして、自分もその人の良い点を吸収同化して、相手に一歩でも近づけるように努力し、向上して行こうという「前向きな、動機付け」につながってゆく、いわば明確な「自分の目標とする人物像」であると言えます。

　羨望の対象にされた相手も「自分が理想とされている」と思えば、悪い気はしない。お互いにプラスの向上心、信

頼感にも繋がります。

アドラーも言っています。「羨望は、有用なものでなくてはなりません。羨望によって仕事をし、前進し、問題に直面出来るようにしなければならない。」

それに対して「**嫉妬**」は、**後ろ向きで、ネガティブな感情で、「できれば相手を引きずり下ろしたい。抹殺したい。」というマイナス指向の暗い感情です。**

他者の欠点を徹底的に追求し、自分の立場を相対的に優位にするようなことであり、向上心もなく、何も得られない感情です。人間の持っている感情の中で最も醜い感情の一つであると思います。

この感情は激しい憎しみを伴い、人生の惨劇につながることもあるのです。この様な醜い感情は、劣等感と優越コンプレクが歪曲化したものであると考えられます。このような感情からは、プラスの向上心も自己成長も生まれません。

人間関係の中で最も大切なのは、自分の人生は他人の評価を気にせずに、自分の好きなように、思いっきり、生きることだと思います。

そのためには、人から嫌われても嫉妬されても、仕方ないと思います。

We have said that feelings of inferiority are not in themselves abnormal. They are the cause of improvements in the human condition.

劣等感はそれ自体では異常ではないと言われてきた。それは人類のあらゆる進歩の原因である。（アドラー）

It is the striving for superiority that motivates every human being and is the source of every contribution we make to our culture.

すべての人を動機づけ、我々の文化に対して、我々によって成されてきたすべての貢献の源泉は、優越性の追求である。（アドラー）

We must demand that envy be useful. It must result in work, in a going on, and in a facing of problems. On the other hand jealousy is a much more difficult and dangerous mental attitude, because it cannot be made useful.

羨望は、有益なものでなかればならない。羨望を通して、結果的には我々が、仕事をし、前進し、問題に正面から堂々と立ち向えるようにならなければならない。他方、嫉妬は、これよりずっと厄介であり、危険な心的態度である。なぜならば、嫉妬は有益なものにはなりえないからである。（アドラー）

第6章

思春期の恋のエネルギーを英語学習に活用する

● **思春期の恋は、英語学習にも多大なエネルギーをもたらす**

中学2年生とか3年生というのは青春の真っ盛りの時期であり、絶えず異性を意識しながら勉強していることと思います。

特に男子の場合は、自分が好きになった女の子には勉強の面では絶対に負けたくないといった、極めて強い気持ちがあります。

異性の前でかっこいいところを見せたいと考えて英語の勉強をする人も少なくありません。 私自身も割とそういうところがありました。

私の友達も「なぜおまえは英語の勉強をしたんだ？」と聞いてみると、やはり女の子の前で英語をかっこよくしゃべってみたいとか、英語ができると女の子にモテるからとか考えて、英語の勉強を一生懸命にしたと言う者も少なくありませんでした。

「思春期の行動の大部分は、自立、大人と対等、男性、あるいは、女性になったことを示したいという願望の結果である」とアドラーは言っています。

心理学では、**思春期 (puberty) とは、児童期から青年期へ移行する過渡的な時期で 11 歳〜 13 歳頃の青年前期がこれに当たります。**

なぜならば、小学校高学年から中学一年生にかけて身体的に急激な変化が訪れ、心理的にも大きな影響を与えるからです。

この時期には、自我の覚醒(かくせい)や自己意識の高まりが原因で、親や教師、周囲の大人、社会的な権威一般に対して反抗的、攻撃的となり、怒りや苛立(いらだ)ちの感情をいだく傾向があります。性的成熟とそれに伴う体験は、満足感、自信、充実感の様なプラスの感情を伴う場合と罪悪感、羞恥心、不安というマイナスの感情を伴うこともあります。

この様なマイナスの感情を抱くような場合は、「生の悩み」として青年を苦しめ、性的嫌悪感を引き起こし、不適応行動の原因にもなります。その結果、拒食症等の様な摂食障害などに陥ることも少なくありません。

中学進学前後から身体は急速に大人に近づいて行くのですが、心の変化は不安定の状態なのが思春期の特徴なのです。

思春期の恋は、精神的に人間を成長させるばかりではなく、恋人の幸せを考え、相手の優れている点を自分の心の中に取り入れることによって、知的な能力や芸術的な能力が急激に伸びることがあります。

例えば、自分が好意を寄せている人が英語が得意な人であれば、彼女の影響を受けて英語が得意になることがあり

ます。

恋は消えて行きますが、その時に心から情熱を傾けて身に付けた英語力と美しい思い出は永遠に生き続けることでしょう。

● 恋によって人間は計り知れない心的エネルギーを燃やす

恋するエネルギーによって、精神的に大きく成長し、その結果、自分に与えられた才能を伸ばし社会的に成功をおさめる人もいれば、失恋して、自分に自信を失い、人生に絶望し、その結果、自殺に走る人も後を絶ちません。

恋に秘められた膨大なエネルギーをプラスの方向に向けることのできる人は幸せな人生を歩み、成功をおさめることが出来るが、マイナスの方向にしか向けられない人は不幸な人生を歩むことになるのです。

自分自身に与えられた、たったひとつの人生を他人の目を気にせずに、自分自身のために精一杯生きて行くと、不思議なことに自然と道が開けてくるものです。

私は中学一年生の時には、栃木県さくら市の氏家町立氏家中学校で約450人中、100番以内に一度も入ることができませんでした。中学二年生の時、英語の授業のみ能力別クラス編成がとられ、英語の時間になると生徒は一斉にA

クラス、Bクラス、Cクラスに応じて教室を移動するといった方法で授業が進められていました。Aクラスは二等分され、定員は合計約100名でしたが、私はこの上位100名の中にも入れず、Bクラスに入りました。

そんな時にたまたま、Aクラスに所属するひとりの少女に純粋な恋をしてしまったのです。私はどうしても彼女と一緒に同じ教室で勉強したいと思い、クラス編成の時にAクラスに入れるだけの成績を取ろうと思って、必死に英語の勉強を始めました。

そのお蔭で2年後の県立高校入試で英語は満点を取り、ますます英語が好きになっていきました。

中学生や高校生は、このようなささいなことがきっかけとなって英語の勉強をして行くものであると思います。

この初恋の少女との出会いは、小学5年生の時に遡ります。この一人の少女の存在が私の青春そのものであり、中学高校を通して、私の英語人生に多大な影響を与えたと言えるでしょう。

小学5年生の時、私は、クラス担任の男生教師から、精神的虐待を受けていました。テスト問題を配る時に、クラスの全員の前で「直己、カンニングするなよ。」と言いながら問題用紙が配られることも時々ありました。

この教師から日常的に嫌がらせの言葉が浴びせかけられ

ていました。

　そんなある日、「交通事故について」という課題で作文の宿題が課されました。私は、3歳下の弟が自転車に跳ねられた出来事について自分の感じたままに、原稿用紙5枚にまとめて宿題を提出しました。漢字が苦手だったので、5枚の原稿用紙の中には殆ど漢字が使われてなかったと思います。

　数か月後、掃除当番をしていると「君の作文を他の先生たちと一緒に読んだ結果、学校代表として読売新聞社主催のコンクールに出したら、その結果、銀賞を受賞することになった。」と伝えられました。

　最初は、実感が湧いてきませんでした。成績は常にクラスのビリレベル、学級委員長にも一度も選ばれたことがなかった僕が、全校生徒の前で校長先生から賞状と副賞を手渡されました。

教室に戻ると、いつも一人ぼっちだった私の席の回りにクラス中の生徒が集まって、祝福してくれました。

　すると先生が突然教室に入ってきて、クラス全員の前で言った一言が私の心を一瞬にして打ち砕きました。

「おまえが書いたんじゃ、ねぇんだろう。誰に書いてもらったんだ。」

あまりの衝撃に、私は打ちのめされました。ただ涙が流

れるのを止めることが出来ませんでした。その時、背後から、一人の少女のやさしい声が聞こえました。

「私は、信じている。」私はその時、初めて恋をしました。**私は、この恋のお蔭で勇気づけられ、つらい経験をプラス思考で受け止めて、常に前向きに生きることを、この時初めて学びました。**この恋のお蔭で私は学校へ行くのが楽しくなり、勉強も運動も好きになりました。

その後の私の人生は、苦難の連続でしたが、**逆境をプラス思考で受け止めて、絶望のどん底から何度も這い上がってきました。**

その後の私の人生は正に英語によって切り開かれていきました。

立教大学三年次編入試験、広島大学大学院の入学試験では英語の成績はいずれも最高点で合格することができました。**言い換えれば、英語ができなければ合格できず、不本意な人生を歩まなければならなかったと言っても過言ではありません。**

大学院在学中も、得意な英語を河合塾や代々木ゼミナール等で教えることによって、生活費や研究費を稼ぎながら、専門の心理学の研究を続けることができました。

この小学生の時の苦しい経験は、私が大学教授になってからも、大いに役立ちました。

For almost all young people, adolescence means one thing above all else; they must prove that they are no longer children.

思春期とは、ほとんど全ての若者にとって、何にもまして、ある重要な意味を持つ。それは、彼らが、自分が、もはや子供ではないことを証明しなければならないことである。(アドラー)

Some people are incapable of falling in love with only one person; they must fall in love with two at the same time. They thus feel free; they can escape from one of other, and never shoulder the full responsibilities of love. Both, in effect, means neither.

一人だけに恋することが出来ない人がいる。彼らは同時に二人と恋に落ちなければならない。このようにして、彼らは、自分が自由だと感じるのである。彼らは、恋人から逃げてしまうかも知れないが、決して、すべての愛の責任を引き受けることはないだろう。二人を同時に愛そうとすることは、実際には、どちらの恋人も愛していないということである。(アドラー)

There are other people who invent a romantic, ideal or unattainable love; they can thus luxuriate in their feelings without the necessity of approaching a partner in reality. A romantic ideal can effectively exclude all candidates, since no real-life lovers can possibly live up to it.

ロマンチックで理想的な、あるいは、叶わぬ愛を創り出す人もいる。彼らはこのようにして、現実にはパートナーに近づかなくても感情において楽しむことが出来る。ロマンチックな理想は、効果的にすべての候補者を排除する。現存する恋人は、どうしても理想には届かないからである。(アドラー)

第7章

最も危険なことは、子供が自分に限界があると考えてしまうこと

● **英語の勉強を重荷に感じている子供には、負担を軽減してやる**

絶えずテスト、テストで子供を追い込んでいる親が最近多く見られます。こうすることによって点数を取るために英語の勉強をしなければいけないという、ひとつの心理的圧迫あるいは精神的な重荷というものを子供の小さな胸に植えつけてしまうことは非常に危険なことであると思います。

テストができなければ叱られる、だから仕方なく勉強する精神状態に置かれると英語のテストの成績も伸びませんし、伸びなければ叱られる、叱られるからよけい自分自身に自信をなくしてしまう。このような悪循環を続けてしまうと決してよい結果は生まれないと思います。

「英語の勉強をしなさい」とは言わず「英語の勉強をしてみたら」と言った方がいいでしょう。

何々をやりなさいとか、こうしろ、ああしろといったような命令調では子供は自分自身の世界を持っているし、自分自身のプライドも持っているわけですから、「**こうしてみたらどうかね**」とか、そういった何かものを提案するような感じで英語の勉強をさせるようにした方が子供自身のプライドを傷つけずに済むと思います。

● 少年時代の学力不振は克服できる

　知的能力に関するハンディキャップを克服して偉業を成し遂げた人物がいます。「放浪の天才画家」と呼ばれた山下清は、軽度の知恵おくれで、小学校には五年生までしか通っていません。山下清の知能指数（IQ）は70前後で、軽度の痴愚と判定されるレベルでしたが、多くの素晴らしい作品を残しました。

　また、**学生時代に劣等性、落第生のレッテルを貼られながら、後世に偉大な業績を残した人物も少なくありません。20世紀最大の天才といわれる偉大な理論物理学者アインシュタインは、少年時代、学校嫌いで劣等生でしたが、大学卒業後は特許庁の役人となり、その地位に甘んじながらも、独学で研究を続けて相対性理論を発見したのです。**

　物理学者のニュートン、生物学者のダーウィンなども学生時代に劣等生でしたが、知的能力に関するハンディキャップを克服して偉業を成し遂げたのでした。

　アドラーは「**教育におけるもっとも大きな問題は、子供の限界ではなく、子供が自分に限界があると考えることによって引き起こされる。**」といっています。

　今の自分に価値があると信じて、ありのままの自分を受け入れることが大切なのです。

これは、実際のあった話です。

　私が中学1年生の秋、クラブの練習を終えて、薄暗い教室に戻った時のことでした。私と友人の二人が、偶然、先生が教員用の机の上に置き忘れて行った黒表紙のノートの中を見てしまったことがありました。その名簿の中に、赤い○印が付けられた箇所がありました。「85」と書かれていました。それは、私の名前のところでした。

　最初は、テストの点数かと思いました。すると、一緒にいたH君が、「これは、知能指数だよ。4歳までに決まってしまうんだよ。お前は、もう、いくら勉強してもダメということだ。諦（あきら）めろ、可愛そうに・・・」と言ったのを覚えています。その時の衝撃は大きく、私は生きる希望を全て、失ってしまった。でも、この苦しい体験を乗り越えて、今日の自分があると思っています。

●**体罰は、子供たちにとって、常に有害である**

　アドラーは、「**体罰は、子供たちにとって、常に有害である。**」と言っています。体罰を受けることによって、子供は、心身ともに傷つきます。精神的・肉体的に衝撃を受けることによって、心に深い傷を負い、**この心の傷が持続的に続くとPTSDという精神疾患を引き起こします。**これが、トラウマ（心的外傷（しんてきがいしょう））です。体罰という行為に対し

ては、アドラーは大反対の立場をとっています。

しかし、アドラーは、過去のマイナスの経験がトラウマになるか、発奮材料になるかは、その人の考え方、捉え方、心の受け止め方次第であると考えました。**アドラーは、客観的な事実よりも、事実に対する個人の主観的な受け止め方、認知を重視しました。**この認知が歪みすぎてしまうと、心が折れてしまいます。これがアドラーの重要ポイントの一つである**認知論**です。

アドラーは、「人間が客観的に人やものを捉えるのは不可能である」と考えています。人は誰でも、自分だけの色眼鏡で世界を見ているようなものだと考えています。

例えば、「冬山登山は、寒くて危険なのに、どうして人は冬に山に登るのだろう。理解に苦しむ。」という人もいれば、「あんなに素晴らしいものはない。冬山登山こそ、最高だ！　何度でも登りたい！」という人もいます。同じものでも、感じ方は十人十色です。

知覚とは、あくまでもその人の主観によるものなのです。**客観的な事実よりも、その人ができごとや人物をどう捉え、どう意味づけているかということの方が重要なのです。**

過去のマイナスの経験、挫折、失敗を経験しても、すべての経験をプラス思考で受け止めて、「次はどうすればいいか」と前向きに考える習慣をつけると、次の失敗を防ぎ、

新たな成功への道を踏み出すことができるのです。

　人間関係の挫折や失敗、失恋、仕事のトラブルなどから受ける精神的な衝撃、ストレスは計り知れません。時には心が折れてしまいそうなこともあるでしょう。でも、その苦しみを糧にして人間的に成長できるのです。

他人から傷つけられた経験のある人は、心の痛みを知っているので、他人の立場に立って考えることが出来るのです。

●**親は子供に対して、えこひいきの態度を示してはならない**
　「**親は、えこひいきを子供たちに示すことを避けなければいけない。さもなければ、他の子供たちよりも優れた成長を遂げる子供は、他の全ての子供に影を落し、彼らの勇気を挫くことになるだろう。**」とアドラーは言っています。

　これは特に、二人の男の兄弟や二人の姉妹の関係において、親の「えこひいき」が原因で、生涯に渡って心に深い傷を残したたくさんの事例を私は30年以上も大学生の悩み相談の中で聞いています。

　私の研究室には、様々な悩みを抱えた学生たちが訪ねてきました。その中で、最も多いのは、家族の兄弟、姉妹間の悩みでした。

　「英語力を伸ばすには、どうしたらいいのか？　勉強の仕方を教えてください」といった質問であれば、ある程度明

確に、適切な答を返すことが出来ますが、兄弟、姉妹間の親のえこひいきの問題に対して、限られた時間で明確に、適切な答を返すことは出来ません。

しかし、ただ一つだけ言えることは、**親は自分の子供に対して、えこひいきの態度を絶対に示してはならないし、気づかれてもいけないということです。これほど子供の心を傷つけることはないと思います。**

兄弟や姉妹間のえこひいきは、絶対にしてはいけません。特に、弟の方が兄よりも学校の成績が良い場合、「兄に対して、弟を見習いなさい。弟に負けて恥ずかしいだろう。」などと弟の前で言われると、兄の面目は丸つぶれになり、兄は弟に劣等感を持ってしまい、心の拠り所を完全に失ってしまいます。

このような育て方をすると、弟は兄を心底バカにして成長します。大人になってからも生涯この傾向が続くこともあります。年齢的な秩序、先輩、後輩のルールは不文律ながら社会的に存在します。兄は弟を守り、弟は兄を敬うように躾けることが、人間関係のルールの基本を教える上で極めて重要なことだと思います。

The greatest problem in education is posed, not by the limitations of children, but by what they think their limitations are. If children know that their IQ score is low, they may lose hope and believe that success is beyond them.

教育におけるもっとも大きな問題は、子供の限界ではなく、子供が自分に限界があると考えることによって引き起こされる。もしも子供が自分の知能指数が低いことを知ってしまったら、絶望して、自分の能力は及ばず、自分は成功することができない、と考えるかも知れない。
（アドラー）

Parents should be experienced enough and skillful enough to avoid showing any such preferences.

親はどんなものであれ、えこひいきを子供たちに示すことを避けられるくらい充分な経験を積み、人間的に習熟していなければならない。（アドラー）

Punishment, especially corporal punishment, is always harmful to children. Any teaching that cannot be given in a spirit of friendship is wrong teaching.

罰、とりわけ、体罰は、子供たちにとって、常に有害である。友情の精神において、与えられなければ、いかなる教育も正しい教育とは言えない。（アドラー）

第8章

自発的に英語学習に取り組むために必要なこと

●子供の前で英語の先生の悪口を言ってはいけない

　子供が悪い成績を取ってきたりすると、親は「どうしておまえはこんなにできないんだ」と子供を叱りつけることがありますが、そういった時に**子供は言い訳をするような逃げ場所を失ってしまって、「これは先生の教え方がよくないんだ」とか何でも人のせいにするような傾向があります。**

　これはなぜかと言えば、自分自身の頭が悪いんだとか、自分自身の勉強の仕方が悪いんだといったような、自分に責任があるというようなことは、子供ばかりではなくて人間誰しもあまり認めたくないということに原因があります。そして子供はたいていの場合、「先生の教え方が悪いからだ」と言って親に言い訳をします。

　その時に「あの先生は教え方がよくない」とか「あの先生は英語の発音が悪い」とか「あの先生は人間的におかしい」とかいうようなことを、食事しながら、あるいはお父さんが会社から帰ってきてビールを一杯やりながら子供と一緒になって、先生の悪口を言うようなことは絶対に慎んで欲しいと思います。

　このようなことを言ってしまうと子供自身に対しても言い訳をする悪い習慣を与えてしまって人間的な成長にもよくありません。また何よりも良くないのは**英語の先生を子供が軽蔑してしまい、その英語の先生の人格というものを**

子供が嫌ってしまった場合には、たとえどんなに英語の勉強をしても英語の成績は絶対に伸びないと考えて欲しいと思います。

　英語という科目は音声を通して耳から学ぶ性質の学問なので、一度自分が嫌いになってしまった人間に対してはその人の声も聞きたくないし、その人の顔も見たくない、といった状態になります。いったんそうなってしまうと、英語の時間に先生が英語を朗読している時でも先生の言葉に対して耳を一切傾けないような状態になってしまうのです。

　私は何年か前にあるアンケートを行なったのですが、「すべての科目の中でどの科目がその担当した先生の人格によって最も左右されるか」という質問に対して、「**英語が最も教科担当の先生の人格によって左右される度合が高い科目である**」という結果が出ました。これはやはり**英語というものが、耳から聞いて理解する度合というものが強い性質を持っている科目だからだと思います。**（第16章参照）たとえば数学の先生を嫌いになってしまったとしても、数学というのは黙っていて計算さえしていればやっていける科目なので、先生の人格というものはさして影響しないと思います。

　一方で英語は、どうしても先生の発音とか、先生の英語

を読む声とかそういったものから徐々に学んで行く性質が非常に大きな割合を占めているので、**英語の先生を一度嫌いになってしまうと、最初に先生の声を聞くのが嫌になってしまい、次に英語の勉強はますます嫌になり、結果的に英語の力はますます低下していってしまうといった悪循環を繰り返すことになります。**

したがって、自分の子供を英語好きにさせ、そして子供の英語の力を伸ばしたいと望むならば、親は決して英語の先生の悪口を子供と一緒に言ったりせずに、先生のよい面をそれとなく子供の前で褒めてみたり、先生の良い点を見つけて、先生の人格を尊敬するように子供を指導して行くことが大切であると思います。

子供と先生をうまく結びつけ、子供に自然とやる気を起こさせることが親に課せられた最も重要な役割であると私は思います。

● **英検の活用法**

まず、やる気を起こさせるには何らかの目標を見つけだすことが大切です。何か目標が定まれば、自ずと英語の勉強もやる気が起きると思われます。そのひとつに英語検定があります。ひとつの目標を与えて英語の勉強をさせると子供が英語を自ら勉強するようになります。

もうひとつは、不安をなくさせることです。たとえば、「期末テストの成績が中間テストの成績より悪かったらどうしよう」とか、あるいは「英検を受けても万が一失敗したらどうしよう」とか、そういったような**不安をできるだけ取り除いてやるということが必要**です。

　また、外発的動機づけと内発的動機づけを簡単に説明しますと、**自分自身の内面的な好奇心あるいは、探究心とかいったようなものから何かをやってみたいという気持ちを、自発的に起こさせる動機を内発的動機づけと言うのに対して、何らかの成功報酬を伴うことによって動機づけされるのを外発的動機づけと言います**。

　たとえば、叱られるから勉強するというのは、叱られるのがいやだから仕方なしに勉強するといったもので外発的動機づけになります。あるいはよい成績を取れば誉めてもらえるとか、お金をもらえるとか、そういった何らかの成功報酬が伴った場合にも外発的動機づけというものになってしまうのです。

　真理の探究とか、好奇心とか、あるいは想像力などから自ら英語を勉強しよう、といったようなかたちに子供を仕向ける**内発的動機づけが本当は理想的**ですが、私自身の考えとしては100点を取ったら1000円もらえるとか、あるいは、100点を取ったらお父さん、お母さんが自分の好き

なものを買ってくれるとか、そういった**動機づけも時には必要なのではないかと思います。**

ただ、外発的動機づけにおいてどうしても避けなければいけないのは、成績が悪いときに叱るといったようなことです。この場合、結果的には叱られることが怖いから仕方なしに勉強するというようなことになってしまって、子供はますます落ち込んで行くばかりです。

外発的動機づけのひとつではありますが、何らかの報酬を伴った動機づけというものも子供にはある面ではいいのではないのでしょうか。

●英語学習における動機づけの実例（実際にあった話）

私の友達で極めて優秀な男（T君）がいました。中学生の時、彼はいつもズバ抜けてトップの成績を取っていたのですが、ある時、私が「どうしてそんなに勉強するんだ」と聞いたら、「だって一番になったら、1000円もらえるからな」と彼は答えました。当時の1000円というのは今の1万円か2万円ぐらいに相当すると思います。**とにかく一番になれば1000円もらえる。ただし二番になったら一銭ももらえない。**そういった動機づけによって、彼は非常にズバ抜けた成績を独占していました。

ただし、ここで最も注意しなければいけないのは、お金

の与え方です。私はT君の父親と話をしたことがあるのですが、とても優しくて、子供を心から愛していて、一緒にいるだけで何となく元気が出てきて、子供の心を引きつけて動機づけするのがとても上手な方であったことを覚えています。だから彼はただ単にお金が欲しくて勉強したのではなく、お父さんの喜ぶ顔が見たかったから、本気になって勉強に取り組んだのではないかと思います。

　私は小学校一年生の時に彼と同じクラスだったのですが、ある日の夕方、彼のお父さんが魚の配達か何かで私の親類の家を訪ねて来たことがありました。その時、私に「うちのは、授業中に手を上げてよくしゃべるか？」「授業中、先生に叱られたりしないか？」「ちゃんと先生の言うことを聞いているか？」などと、小学校一年生の私に熱心に聞くのでした。夏休みのある日の夕暮れ時のことでしたが、**今でもあの日のことが鮮明に記憶の中に生きているのはなぜでしょうか。幼な心にも私がとても心を動かされたからだと思います。**T君の父親こそ真の意味での教育者だと思います。とても元気のいい方で、心から息子の教育に情熱を傾けられている方でした。

　約450人中一番になるというのは大変なことだったと思います。私たちが高校を卒業した年は、1969年3月でした。その年は、学園紛争で東大と東京教育大学（現・筑波大学）

の入試が中止になり、その影響もあり大学入試は大激戦でした。天才、T君は一浪の末、千葉大学医学部に合格し、そして今は心療内科医として活躍しています。

T君は非常に勉強ができましたが他人の面倒も非常によく見ました。生徒会長も務め、時には中学校の教室で自ら放課後、教壇に立って同級生の指導をすることもありました。

T君は私に英語を教えてくれました。その時にどうやって英語を教えたかというと「俺はこの間、学年で一番になって1000円もらったから、英語の勉強ができるようになったら、俺が今度、おごってやるからな。頑張れよ」とか言いながら私に英語の勉強を教えてくれました。おごってくれるのは紙袋に入ったピーナッツやキャラメルでしたが、今思えば懐かしい想い出です。したがって、**外発的動機づけというものが、一概に悪いとは言えないと思います。**

T君は、中学生の時から「俺は絶対、医者になってやるんだ」と言いながら勉強していました。彼の成績はまさに群を抜いていて、私とはまったく異なった人種に思えました。そして結果的にT君は少年時代からの念願の医者となって、多くの人たちから尊敬され、社会に多大な貢献をしています。

このような**外発的動機づけというものも、中学時代には必要なのではないでしょうか。彼を人一倍の勉強家にしたのは単なる金銭的なものによる動機づけだけでなく、深い人間愛なども強い動機づけになったことは言うまでもありませんでした。**今でも私は彼を心から尊敬しています。

　よい成績を取ったらお小遣いを増やしてあげるとか、あるいはよい成績を取ったら子供の好きなものをごちそうしてやるといったことは、親の愛情を伴っている限りにおいて非常に大切なことではないのでしょうか。

　ある日、テレビで「サザエさん」を見ていたら、カツオ君が算数の成績があまりよくありません。そこで、お父さんが、「今度、算数のテストでいい点が取れたら夏休みに好きな所に連れていってやる」と言いました。カツオ君は一生懸命に勉強して算数で 80 点を取りました。そのマンガはこのことをもっとユーモラスに表現していましたが、心理学的に考えると、よい意味での外発的動機づけのひとつの例であると思います。

　この場合でも**成功報酬には家族の優しい愛情が伴っていたことを忘れてはいけない**と思いました。**何から何までがんじがらめで、子供を縛ってしまったら、決して良い結果はでないと思います。**

The greatest problem in education is posed, not by the limitations of children, but by what they think their limitations are. If children know that their IQ score is low, they may lose hope and believe that success is beyond them.

教育におけるもっとも大きな問題は、子供の限界ではなく、子供が自分に限界があると考えることによって引き起こされる。もしも子供が自分の知能指数が低いことを知ってしまったら、絶望して、自分の能力は及ばず、自分は成功することができない、と考えるかも知れない。(アドラー)

Parents should be experienced enough and skillful enough to avoid showing any such preferences.

親はどんなものであれ、えこひいきを子供たちに示すことを避けられるくらい充分な経験を積み、人間的に習熟していなければならない。(アドラー)

Punishment, especially corporal punishment, is always harmful to children. Any teaching that cannot be given in a spirit of friendship is wrong teaching.

罰、とりわけ、体罰は、子供たちにとって、常に有害である。友情の精神において、与えられなければ、いかなる教育も正しい教育とは言えない。(アドラー)

第9章

飛躍的に英語力を伸ばすための学習法

●高校入試に合格するために必要な能率的英語学習法

・テストの効果的な活用法

　授業中に行われたテスト、中間テスト、期末テストや模擬テスト等で、間違えてしまった部分や解答できなかった部分を、全て模範解答と照合して「**間違いノート**」**を作成することを勧めます。**

　一度間違えた部分は、二度と間違えないように記憶しておく。テストに出題される部分は重要ポイントであるので、何度も繰り返して出題される傾向があります。

　「間違いノート」を何度も繰り返して復習することによって、**模擬(もぎ)テストや実力テストの成績は飛躍的に伸びて行く**と思います。その結果、高校入試の英語で満点を取ることも可能だと思います。

　私は、この方法を実践して、高校入試の英語で満点を取ることが出来ました。高校入試の段階で、中学英語を完璧にマスターすることによって、高校、大学での英語の授業が楽しい時間になりました。

・中一の英語の勉強について

　何でも同じですが、特に英語の勉強は最初が肝心。**声に出して単語や文章を読み上げ、音読しながら耳から覚えていきます。**初めはゆっくりですが、いつの間にかス

ピードが速まります。

・中二の学習内容は入試に直結する

　中一のゆったりとした学習内容に比べると、中二では急に難しい事項が出てきます。入試問題を研究すると、中二の内容がかなり出題されているのです。もう受験勉強が始まると言ってもよいでしょう。

　単語や文章を声に出して読むこと、これは英語の勉強の基本中の基本です。繰り返し音読して行くうちに、耳から自然に覚えていきます。学校の教科書を覚えてしまうくらい音読をしてもらいたいのです。

　単語や文章は、ばらばらに覚えるのではなく、グループごとにまとめて覚えて行くのが大切です。

・単語をひとつひとつ覚える前に

　単語を覚えることにこだわっても、英語力は伸びません。文法、語法を正確に覚えれば、いつの間にか単語数は増えるもの。**未知の単語に出会ったら、その意味を調べるばかりではなく、単語の文法・語法上の働きをしっかり把握しておくことが大切です。**

　英単語などを覚える場合には、机に向かってがむしゃらに覚えても意外と覚えられないものです。しかし壁に

貼ったりしていると自然に覚えてしまうのはなぜでしょうか、これは不思議です。

なぜかしらひっくり返っている時に何気なしに壁を眺めていたら、その単語を自然に覚えてしまうといったことはよく経験することです。

このような方法を使って子供に英語の勉強をやる気にさせるのもひとつの手段であると思います。

● 授業と予習・復習の仕方
・ 授業を最大限に活用するポイント
① わからない単語や語句はこまめに辞書を引く
② 覚えるべきことはその場で覚えてしまう気持ちを持つ
③ わからないところはチェックしておいて必ず質問する
　・ その日の授業終了後あるいは次の日の早い時間帯を利用して、必ず先生に質問する
④ **教師の解説の中で、何がポイントかを常につかもうという意識をもって授業を聞くように心掛ける**
⑤ こまめにノートをとる
　・ ノートはできるだけ素早くとるように心掛けると同時に、**耳は常に教師の説明の方に傾けておく**
　・ また、たとえ板書されなかったことでも重要と判断されることはすべてノートにとる

- 予習の仕方
    ① 英文を読んで未知の単語に出合っても、すぐに辞典を引かず、文全体の中から単語の意味を類推しながら、意味を調べる習慣をつける
    ② 授業は復習のつもりで聞き、授業中にすべてを理解するように努める
    ③ 理解できる点と理解できない点を明確に区別し、予習の際に疑問のある個所を先生が説明している時は一心不乱に耳を傾ける

- 復習の仕方
    「復習ノート」や「まちがいノート」を活用するとよい。そして、授業中間違えた問題は、納得が行くまで何度もやり直す。それでもわからない場合は、必ず質問をする

column 大切なのは、自分に与えられたものを「どう使うか」なのです（アドラー）

　好きな異性と話している時など、相手に気に入られようとして、緊張のあまり、ついテンションが高くなり、「優越コンプレックス」を連発させる傾向があります。
　「優越コンプレックス」は「劣等コンプレックス」と現れ方は違いますが、劣等コンプレックスの一部であるとアドラーは捉えています。優越コンプレックスを持つことで、一時的に偽りの優越感に浸ることが出来ても、虚栄心に過ぎず、空しいものです。偽りの虚像の自分自身を作り上げ、目の前の課題から逃避しているに過ぎません。
　この点で、「劣等コンプレックス」との共通点がみられます。「劣等コンプレックス」とは、例えば「給料が安いから、顔が悪いから、背が低いから、学歴がないから」という理由で、恋愛や結婚から逃避することです。
　アドラーがいうように、大切なのは、自分に「何が与えられたか」ではなく、自分に与えられたものを「どう使うか」なのです。才能、能力、身長、容姿は与えられたもの(所有)ですが、この自分に与えられたものをどう生かすかが大切なのです。
　「優越コンプレックス」や「劣等コンプレックス」の根本的原因は劣等感が強すぎるあまり、現実と向き合えない点にあります。この状態を克服するには、**現実から目を反らさず、あるがままの自分自身を受け入れること、即ち自己受容が必要となります。自分なりに努力すれば、いくらでも未来や運命を変えることができるのです。**

第10章

効果的な教材の活用法
（中学生～高校生）

● できるだけ短期間でマスターできる問題集を持たせるとよい

　問題集を使う場合、できるだけ短期間で終わらせることができる薄い問題集を使わせるといいと思います。そしてただ薄いだけではなく、解説がきちんと付けられており、できれば全訳あるいは詳しい説明が解答に付けられているような問題集を使わせることが大切であると思います。

　これはなぜかと言えば、一冊の問題集を終えたという達成感を子供に与えることにより、「自分はこれだけやったんだ」という充足感を味わわせるとともに、一冊の問題集の中には全ての単元がだいたい詰め込まれているので、一冊の問題集を終わらすことによって、全体的に大ざっぱな筋道が頭の中にできあがるからです。

　英語の勉強には必ず、短期間でマスターできる薄めの問題集で、なおかつ解説の詳しい問題集を持たせると子供は達成感、充実感を味わいながら楽しく英語の勉強を進めて行くことができると思います。

● 英単・熟語集はできるだけ活字の大きい二色刷りのものがいい

　英単語や英熟語というのは機械的に覚えようと思って

も、なかなか覚えられるものではありません。したがって、受験勉強の中でも特にものを覚えるという行為は、極めて孤独な作業であり、極めて暗いイメージがつきものです。

　しかし、**電車の中や、ちょっとした待ち時間、あるいは細切れ時間というものをうまく利用して**、ポケットなどの中からヒョイと取り出して十分から十五分ぐらい、そういった時間を利用して勉強すると、驚くほど単語や熟語は覚えられるようになると思います。

　その際、使用する単語集や熟語集というものはできるだけ活字の大きい、できれば、二色刷りのものを持たせると極めて能率的に楽しく勉強できると思います。**二色刷りのきれいな単語集を使っているとなぜか気持ちまでウキウキしてきます。**

　また活字も大きいと「今日は5ページも覚えた」とか「6ページも覚えた」とか言いながら、ひとつの**達成感というものが出てきて、楽しく英語の単語や熟語を覚えることか**できるようになると思います。

　また**活字が大きいとリラックスして、ゆったりとした気持ちで横になって読んでいるうちに楽々と単語や熟語が頭に入ってくることがあります。**お父さんやお母さんもこのような経験があるのではないでしょうか。

●**学校で使う英語の教科書に付けられているCDの活用法**

よく中学生や高校生が「去年の教科書の復習を春休みにでもしたいと思うのですが、時間かあまりにもかかり過ぎるのでどうしたらよいのでしょうか？」といったようなことを私は毎年のように尋ねられます。

そんな時、私は「**去年使った英語の教科書に必ず音声CDが付いているはずだから、先生に頼んでそのCD（音声）を借りてきて、眠る前に気分転換のつもりで気楽に英語を聴いてごらん。**

去年の英語の教科書のCDを聴きながら、去年の出来事を懐かしく思い出してみるといいよ。先生や友達が授業中に言った冗談や先生の雑談などを思い出しながら、CDを聴いているだけで、楽しく1年間の復習ができるから、やってごらん」といったようなことを毎年言ってあげています。

それはなぜかというと、教科書を最初から1年分あるいは2年分、復習するということは非常に大変なことなので、途中で生徒がいやになってしまい、勉強を中断してしまうようなことがよくあるからです。

しかし、たとえばひっくり返って、CDをリラックスしながら聴いている状態であっても、そのCDの内容というのは去年すでに学校で勉強してしまった教科書の内容なので、内容を理解するにはさして問題はないと思います。

CDを聴いている時に、忘れてしまった単語が出てきたりしても、その段階でCDをいったん止めて、去年使った教科書を開いてその単語を改めて確かめてみると、けっこう、記憶の中には鮮明に残っているものです。

したがって、昨年度1年分のテキストの復習を春休み中にやる場合にはリラックスした気持ちで横になって、気楽に英語の音声を流して聴いてみることをお薦めします。

まとめて教科書一冊分のCDを聴くのではなくて、気が向いた時に、たとえば10分間あるいは、15分間でもいいのですが、音楽を気楽に聴くような気持ちで、さらりとCDを流して聴いてみたらいかがでしょうか。そうすることによってリスニングの力も同時に付いてきますし、復習も兼ねて一石二鳥のことだと思います。

英語はやはり音から学ぶものですので、このようにCDを利用したリラックスした勉強法というのは英語の力を伸ばす点において非常に有効なことだと思います。

特に、英語の基礎力をつける点においては、時間もあまりかかりませんし、英語の勉強の能率的な方法として、私は毎年、すべての生徒に対してこのことを勧めていますまた、英語の教科書の索引を利用して、昨年学んだ単語と熟語をもう一度チェックしてみることも大切であると思います。忘れてしまったものがあればその単語や熟語の載って

いるページをめくってみると、そのころの思い出とともに、その単語の記憶が鮮明によみがえってくるものです。

● **英文法の参考書は最初のページから読んではいけない**
　索引を利用し辞書のように使うとよい

　参考書を新しく学校で一括購入するような場合、あるいは、子供が自分で書店で買ってきたような場合、子供は一生懸命に「こんどこそ英語を得意にしてみせる」などと思いながら、新しく買ってきた参考書の第一ページから読み始めることが多いのです。

　しかし、第一ページから参考書を読もうという心がけは非常によいことなのですが、そうした場合、だいたい参考書の第一ページというものは「文の種類」といったような、生徒が何となく取っつきにくいような分野から始まっていることが多いのです。

　とは言っても、文の種類に関する項目とは、やはり英語の最も基礎的な部分で、大切なことは言うまでもありません。しかし、このような参考書の使い方をしてしまうと何となくやる気をなくして途中で挫折してしまうことが往々にしてあり、大変残念に思います。

　私が勧める英語の参考書の使い方というのは、まず、自分の不得意な分野、たとえば、関係代名詞が不得意であれ

ば関係代名詞の書いてある個所を開いて関係代名詞のところを集中的に読んでみるとか、あるいは、索引をうまく利用して、文法用語でわからないような用語が出てきた場合に英文法の小辞典のようなつもりで英文法の参考書を利用して行くと良いと思います。

そうすることによって自分の不得意な個所が徐々にぬり絵のように塗られていき、気が付いたときには、三百ページ以上もあるような英文法の参考書一冊を読んでしまったということになるからです。

聖書を読むような場合にも、自分の好きな場所をちょこちょこと読んで行くうちに、聖書一冊を知らないうちに読んでしまうことがよくあります。英文法の参考書も同じようなことが言えるのではないでしょうか。

さらにまた、英文法の参考書に問題が付けられているような場合には、まず最初に、その問題を解いてみることです。そして、その問題を解いてしまってから、問題文の解説と解答部分を読んでみて、自分が間違えた問題、自分ができなかった問題をチェックしておくことが大切です。**問題の解説を読んで理解できなかった時、初めて、各章ごとに書かれている文法事項の個別的な説明部分を読んでみるとよいのです。**

したがって、問題部分を解いてみて、問題部分が80パー

セント以上できるような場合には、問題集に書かれている解説部分の太い字あるいは二色刷りで書かれている個所を除いては、読み飛ばしてしまってもよいと思うのです。「せっかく高いお金を出して参考書を買ったのだから、全部読まなければもったいない」などと思って一語、一語、ていねいに読んでしまうと肝心なところにきて、息が切れてしまうのです。

　これはスポーツをやる場合と同じです。たとえば、柔道の強い人というのは**力を入れるところで思いきって力を入れ、それ以外のところでは肩の力を抜いています**。そしてまた、野球の選手を見てご覧なさい。野球の選手は自分のところにボールが来るときには素晴らしいプレーをするのですが、それ以外の時には意外とリラックスして立っているのです。

　したがって、**英語の勉強もスポーツと同じように力を入れるところと、力を抜くべきところをうまくコントロールして勉強することが大切**だと思います。

　水泳のクロールにおいても、いつも、いつも全身に力を入れて泳いでいたのでは、いつまで経ってもうまくいきません。腕を肘から上げて水の中に入れる瞬間に思いきって水をかき、そして、その次の瞬間、力を抜き、そしてまた水をかくときに力を入れる。その力の入れるところと抜く

ところのバランスとリズムというものが、英語の勉強においても非常に大切なことだと思います。

● **時間を制限して、集中的に一定の問題を解かせてみる**

中学時代、これは英語でなく数学の時間でありましたが、ある先生が授業中に「たくさんの問題を短い時間で集中的に解くような勉強の仕方をしたら、すごく数学の力が伸びるからやってごらん」と教えて下さったことがありました。

私は先生の言う通りに**短時間で一気にたくさんの問題を解く勉強を繰り返してやってみた**のです。最初は効果がさして現れなかったのですが、数カ月後、その効果が、顕著に出てきたのには驚きました。

そしてまた英語の勉強もまったく同じで、たとえば、私の英語の勉強の場合ですと、**長文を短時間で集中的に読んで理解するとか、あるいは英文法の問題をたくさん、一定の時間を決めて解くといったような訓練が驚くほど素晴らしい効果を発揮した**ことを覚えています。この時から急激に、数学と英語の力が伸び始めました。

英語の勉強に限って言うと、たとえば**長文の速読速解の英語教育法**は、国際基督(キリスト)教大学（ICU）において、大学一年生を対象とした英語の集中講義として実施されています。

私もかつてこの大学で英語を学んだことがあるのですが、その時に大量の英語の長文問題を学生に渡して読ませ、その時間を先生がストップウォッチを持って計っているのです。そして、黒板に「現在10分経過」「12分経過」「13分経過」「13分30秒経過」といったように書いていきます。そして学生たちは自分が何分何秒でその長文を読めたかということをメモしておくのです。

　そして、その後、先生がその長文問題をすべて集めてしまい、その後に解答だけ、あるいは答案用紙だけを配布して、学生に自己採点させる、そして各自が一体何点取っていたかを生徒各自にその場で確認させるような授業システムでした。

　したがって、たとえ高い点数を取ったにしても、長文読解に要した時間が長ければ一分間に読む英語の語数が少ない計算になってしまうのです。そしてまた、たとえ点数があまり高くなくても、短時間で読んだ場合には一分間で読む語数というものが高くなるようなこともあるのです。

　したがって、**一分間に読む語数の尺度というものは、私が覚えている限りにおいては縦の尺度に点数が書かれており、そして横の尺度に何分間で長文を読めたかといったような、分単位の尺度が書かれており、それをちょうどクロスしたところに一分間に読めると判断される英語の語数と**

いうものがはじき出されるような表を毎時間、渡されました。

　この訓練を3カ月ほど続けた頃、英字新聞を速読したり、TVの英語ニュースや海外ドラマ、映画などの英語を理解するのも楽になったような気がしました。また何よりも、数百ページ程度の英語の原書を短時間で何冊も読めるようになったのは、ICUの授業のお蔭だと感謝しています。

　この経験から長文をできるだけ短時間で読むといったような訓練こそ、英語の基礎力を付けるうえにおいて最も大切なことであると私は信じています。

　したがって、参考書あるいは**問題集を選ぶ場合にも制限時間が付けられているようなものを購入し、そして一定の時間で一定の量の問題をできるだけ正確に解くような、実践的な訓練を繰り返すことが極めて大切**なことであると思います。

　私の書いた問題集で『5日間で攻略するTOEICテストの英文法』（PHP文庫）といったものがありました。これは1時間で60問の問題を解かせる仕組みになっており、左側のページに問題が載せられており、右側のページには全訳と解説、そして解答が載せられている問題集なのですが、このような方式の問題集を一定時間においてマスター

することにより急速に英語の力が伸びて行くのです。この本は5年間で8万部出版され、シャープの電子辞書『ジニアス』の中にも採用されました。

「最初は10時間以内で、600問の「TOEICテストの英文法」の問題を解けるわけがないと思われていたのですが、やってみたら、10時間もかからず600題の問題を私はわずか3時間ですべてマスターすることができました」「たった一日でマスターしました」といったような反響が全国から寄せられました。

あるいは「午前中だけでこの問題集一冊を終えることができました」といったような便りがたくさん舞い込んできた時、私はやはり**英語の勉強というものは一定の時間を制限して、たくさんの量の問題を解かせるところにあるのだなあ、としみじみ感じました。**

第11章

効果的な英語勉強法（中学生〜高校生）

●**音楽を聴きながら英語の勉強をしていても放っておく**

よく、子供が音楽を聴きながら英語の勉強をしているような場合、親たちは「ながら勉強をやっている」と言って叱ることがあります。しかし、**不思議なことに自分の好きな曲を聴きながら英語の勉強をしていると、心がウキウキしているので勉強が非常にはかどって行くのです。**

たとえば「スーパーラーニング」といったような勉強法があります。これはロザノフ(14)が開発した学習法なのですが、**クラシック音楽を聴きながらリラックスして英語の勉強をするような場合、脳波が α 波になってきて極めて能率的な語学の勉強が可能である**、というようなことが彼の著書の中で言われています。

「脳波が α 波になる」といったようなことは私の専門外なのでよくわかりませんが、しかし、たとえクラシック音楽でなくとも、自分の好きな音楽を聴きながら、リラックスしながらやるという勉強法というのは「ながら勉強」で、それがいけないことであるとは一概に言いきれないと思います。

ただし、ここで注意しなければいけないのは、音楽を聴くことに対してあまりにも熱心になり過ぎてしまい、英語の勉強がおろそかになってしまうといったようなことは、もちろん避けなければいけないことだと思います。しかし、

子供が机に向かっているというのは、ただそれだけで、うれしいことではないのでしょうか。

とにかくリラックスしながら、楽しく子供が英語の勉強をしていれば、安心しても構わないと思います。何も頭から詰め込むだけが英語の勉強ではないと思います。

「英語は元々暗記だ」などと言われます。しかし、暗記をすることによって、一時的に英語の力を伸ばすことがたとえできたにしても、真の意味での英語の実力というものは付いてない場合が多いのです。

中間テストや、期末試験などのような一定の範囲の決まった試験において、よい点数を取りながら、実力テストとか英検とか、入学試験においては信じられないくらい、悪い点を取るような子供が多くいますけれど、こういった原因のひとつとして考えられるのは、どんどん詰め込んで、ただ一心に暗記する勉強にあると私は思います。

● **食後すぐの勉強は避けた方がよい**

食事をした後は胃の働きが活発で血液がすべて胃の方にまわってしまうので、頭の働きが鈍化してしまいます。したがって「もう、ご飯を食べ終えたのだから、すぐに勉強を始めなさい」といって、子供を急かしてはいけないと思います。

そしてまた、**食後すぐの勉強は胃にもよくないので身体を壊す原因にもなるのです**。人間の欲求にはいろいろな欲求がありますけれど、やはり食欲というものは、人間の欲求の中で最も根底的な欲求であると思います。

マズロー[15]**は欲求の階層説という学説を立てた心理学者ですが**、彼の説によれば、欲求というものはひとつのピラミッドを構成しており、一番下に生理的欲求、たとえば食欲などの欲求というものがきて、徐々に欲求が上になるにしたがって「他人に認めてもらいたい」とか、あるいは「社会的な栄達をしたい」といったような欲求が階層を成しており、ピラミッドの頂点に自己実現の欲求といったようなものが構成されているということなのです。

英語の勉強を好きになり、自分で英語を得意にしたいといったような欲求というものは、子供にとっては**ピラミッドの頂点にある、自己実現の欲求**[16]を充足することになると思います。従って、食欲あるいは**親が子供に注ぐ愛情といったようなものが、もしも充足されていないような場合には、ピラミッドの頂点にある自己実現の欲求、「英語を得意になりたい」というような欲求というものも充足されなくなってしまうのです**。マズローの欲求階層説に関しましては、右に図解しておきます。

マズローの欲求階層説

【重要語句】

(14) ロザノフ ＝ ブルガリアの精神医学者。学習者に一種の暗示をかけて、不安や緊張を除去することによって学習効果を上げる教授法を開発しました。

(15) マズロー (Maslow, A. H. 1908 - 1970) ＝ アメリカの心理学者で欲求について一連のヒエラルキーを設定して、より基本的な欲求が満たされるに従って、より上位の欲求が出現して、行動に影響を与えるとしています。
①生理的欲求→ ②安全の欲求→ ③所属と愛情の欲求→
④自尊の欲求→ ⑤自己実現の欲求

(16) 自己実現の欲求 ＝ 自分はこうあるべきだと思うとおりの自分を実現したいという欲求。つまり自分の価値観に基づいて行動したいという欲求。たとえば、英語を得意な人が、同時通訳として活躍したいという夢を持って、努力するのは自己実現の欲求の一つであると言えます。

column 　　交通事故の体験が私の人生観を変えた。

　26歳の夏、7月23日に私は交通事故で、瀕死の重傷を負い、九死に一生を得ました。数日間、日夜生死をさまよいながら、不思議な臨死体験をしました。真っ暗な闇の中で、宇宙遊泳しているような状態を経験しました。その時痛切に感じたのは、「**生きている間に、他者の評価や世間体を気にせずに、自分のための人生を、思いっきり生きていればよかった。**」という強い後悔の念でした。意識を取り戻すまでの数日間、私は繰り返し同じ夢を見ました。それは、なぜか、高校時代の夢でした。45日間に及ぶ入院生活の中も、何度か同じような夢を見ました。

　そんなある日、同じ病院に入院していた高校生に偶然、英語を教えてくれと頼まれました。**彼は私と同じ年齢の定時制高校の生徒で、**ホテルのボーイをしている最中に、事故にあい、複雑骨折をして入院中でした。彼は、松葉杖を突きながら、毎日私の病室に英語の教科書を携えて、足を運んで来ました。「**俺さ、英語なんて大嫌いだったけど、あんたに教わっているうちに、英語が好きになったよ。あんたさあ、教え方うまいしさ、分かりやすく教えてくれるから、高校の英語の先生に向いているよ。**」と言ってくれました。

　交通事故で九死に一生を得た経験をしたことによって、「自分は、一度は死んだ人間だ。**幸運にも、もう一度命を貰ったのだから、これからは、おまけの人生だと思って、自分のための人生を思い切り生きて行こう**思いました。この時、私は英語担当の高校教師になることを決心しました。40年前のことでした。あの時から、私は第二の人生を歩み始めました。

第12章

効果的な英単語記憶法
（中学生～高校生）

●カタカナ英語を利用して単語力をつけさせる

「カタカナ英語がやたらと氾濫して、困ったものだ」と言う人がいますが、たとえば、新聞を広げれば、政治、経済、社会などあらゆる種類にわたって、外来語つまりカタカナ英語というものか顔を出し、そしてまたテレビをつけても、何かと言えばカタカナ英語が氾濫しているような状況の今日です。

しかし、数ある外来語をひとつひとつみてみると、とても面白いことに気か付くのです。それは、たとえば「レトロ（retro）な気分で」などと言いますけれど、「レトロ（retro）」というのは「後ろ」または「過去」といったような意味があります。そして、たとえばretrospectなどというような言葉が出てきたときに、「レトロと言う言葉は、音楽番組でよく聞いていた、あのレトロなのか」というようなことを思い出すことによって、**「レトロ（retro）＝昔、「スペクト（spect）」＝見る、したがってretrospect＝過去を振り返る**、といったような状況で単語の数が増えて行くようなことがよくあるのです。**高校生の段階においては、特にこのカタカナ英語を使って、語彙を増やすことが非常に大切だと思います。**

もうすでにカタカナ英語になってしまっていながら、今日、英語の中でも非常に重要な意味を持っている単語

が2500語ほどあると言われております。この2500語は、たとえばartとかidea, accident, academy, assistant, analizer, abstractなどといったような単語ですが、特に野球や水泳などスポーツにおいてもこのようなカタカナ英語というのは非常に氾濫しています。

したがって、このようなカタカナ英語をうまく教えることによって、子供達の既知の英単語の数が極めてたくさん増えていき、その結果、難しい単語に出合った時に、思いがけない助け船になることがあります。

例を挙げれば「クレジット（credit）」は信用、「リサーチ（research）」は研究、「コメント（comment）」は仲介、「コントラスト（contrast）」は対比、「カテゴリー（category）」は範疇、「エクセントリック（eccentric）」は気まぐれな、「クレーム（claim）」は要求、「オーソリティ（authority）」は権威者、「モノローグ（monologue）」は独り言、などといったような単語は日常よく耳にする単語なのですが、このような単語を学生たちに、また自分の子供たちに時々教えることによって、知らないうちに英語の語彙力というものが増えて行くのです。

次項でもお話ししますが、「**英単語は語源**[17]**から覚えると簡単に覚えられる**」といったようなことがあるのですけれども、まずその基本となるのがカタカナ英語なのです。

たとえば、**progress** というのは「進歩」という意味なのですが、**pro** = 前、**gress** = 歩む、したがって「進歩」というような意味になって行くのです。

したがってカタカナ英語の知識というものがあれば、語源を使って英語を覚えるといった、さらに高度な英単語の学習法においても極めて役に立つことがあるのです。このようなことから、特に中学生の段階ではカタカナ英語というものを時々生徒に教えながら、そのカタカナ英語の本来の意味といったようなことも付け加えて教えて行くと、生徒の単語に対する認識、あるいは知識といったようなものがおのずから深められていき、英語に対する関心といったようなものも、おのずから高められて行くのではないでしょうか。

● 英単語は語源から覚えさせると驚くほど簡単に覚えられる

先ほどのカタカナ英語のところでも英語の語源に関することを少し述べてみましたが、たとえば、inspect といったような単語というものは in + spect' in = 中、spect = 見る、といった意味なので「中を見る」すなわち「調べる」といったような意味になってきます。

したがって、prospect =「予想する」というのは、pro = 前、spect = 見る、「前を見る」すなわち「予想する」。

ここから retro ＝過去、spect＝見る、「過去を見る」すなわち retrospect ＝「過去を振り返る・回想」ということになり、さらに発展させて行くと retro ＝後ろ、gress ＝歩む、したがって retrogress ＝「過去に逆戻りする・後退する」といったような意味になって行くのです。

また translation という言葉があります。これは「翻訳する」といった意味なのですが、これも trans ＝移す、という語源からきています。ですから英語から日本語に移すような場合は、translate ＝「翻訳する」といったような言葉になっていくのです。

このような語源を使って英語を考えてみるようなことは、たとえば、子供に漢字を教えるのと同じなのです。「机」といったような漢字を教える場合にも、机は木に関係があるので木偏です。「棚」も木に関係があるから木がつくのです。水に関係あるのが「さんずい」、たとえば、湖も池も全部「さんずい」がつきますね。

このような方法から日本人は漢字を学んでいったわけですが、英語の単語を学ぶ場合にもただ単に頭から丸暗記して行くのではなくて、「言葉の語源からどうしてこのような単語かできてきたのか」といったようなところまで遡って考えてみるとおもしろいことだと思います。

大学生がよく「コンパ」、「コンパ」などと言いますが、

「コンパ」というのは元々、companyからきており、つまりcom＝ともに、panyのpanは元々パンの意味です。したがって、一緒にパンを食べるという意味からcompany＝「仲間」あるいは「会社」というような言葉が出てきたのです。

語源というものは調べれば調べるほど、英語の歴史に関係しているのでとても興味深いものであります。たとえばbicycleは自転車のことですが、この単語も分解してみるとbi＝ふたつ、cycle＝（サイクル）「輪」です。自転車には輪がふたつありますから、そういったことからbicycleといった言葉がでてくるのです。またbiotechnologyといったような場合にも、このbioというものは元々生物の意味なのです。したがってbiotechnologyというのは「生物工学」あるいは「人間工学」(18)の意味です。だからbiochemistryは「生化学」といったことになります。「バイオ」という言葉はすでに日常生活でも使われているので、カタカナ英語の知識があれば、この場合は楽に単語の量を増やすことができるのです。

autobiographyといったような単語がでてきた場合には、auto＝自動、これはautomaticのautoです。bio＝生物の「生」です。graphyのgraphとはgraphicdesignerのgraphとまったく同じで、「物を描く」と言う意味です。

したがってautobiographyという単語は「自ら人生を描く」といったような意味が元々の意味なので、「自叙伝」といったようなことになるのです。またbiographyの場合には「人生を描いたもの」から「伝記」といったような意味になって行くのです。

この他いろいろ、語源を使って英語の単語というものが、覚えやすいようなことがありますが、これはただ単に単語の力を増やすとかいったような実利的側面もありますが、むしろ**英語の持つロマン、あるいは英語の持つ歴史性、といったことにも繋がって行くので、楽しく英語の勉強を進めるうえにおいて必要不可欠**なことではないのでしょうか。

私は幸いにして高校生の時、英語の語源に詳しい先生に英語を教えてもらったことが、今日の自分自身の人生を決定づけたと考えています。

その先生は「octoというのは8を表す。だからoctopusというのはタコなんだ、なぜならばpusは足という意味だからだよ、タコは足が8本あるからね。」とか「octangleというのは八角形なんだよ、なぜならば、angleというのは角を意味するからだよ。triangleというのはtri＝三という意味で角が三つあるからtriangleというんだよ。triple playもここからきているんだよ」などと言いながら、

英語の授業の合間、合間にこのようななぞなぞを出してみたりして私たちを喜ばせてくれたものでした。

やはり子供が英語を好きになるか嫌いになるか、その鍵を握っているのは英語の教師の人柄、教養、教え方であると思いました。

もしも、嫌な先生に教わってしまった場合には、私はその段階において、たぶん英語の教師にはなりたくないという意志を固めてしまったかもしれません。

私が非常に英語を好きになり、そして英語を使って社会生活を営めるようになったのも、元はといえば中学校と高校時代の先生たちが素晴らしい人たちだったからに他なりません。

その先生たちの顔やその先生たちの言った冗談というものを私は今でもハッキリと思い起こすことができるのです。今では心からその先生たちに感謝の意を表したいと思っています。

● **ダメな勉強法**

英文を読んでいる途中で、未知の単語に出逢うと、英文を読むのを中断して辞書を引いて、英単語の意味を解読するような作業を繰り返していると、全体の文脈の中で意味を捉えるような推察力が失われ、英語を英語で理解する能

力が育たない危険性があります。**知らない単語が出てきてもすぐに辞書を引かず、全体の文脈の中で意味を推察する習慣をつけること**が大切です。

　短時間で、できるだけ大量の英文を速読する習慣を付けずに、ただ漫然と英文を機械的に解読するのに時間を割くような勉強法は間違っています。

　英文はあくまでも頭から理解する習慣を付けなければ、英文の速読もできないだけでなく、英語のリスニング能力の向上も望めません。

　英文は常に文頭から理解するような習慣をつけることが最も大切です。漫然と英単語やイディオムを丸暗記しても無駄です。英単語やイディオムは文脈の中で理解していないと実際に使うことが出来ません。

　使うことのできない英単語やイディオムは、知っているとは言えません。実際に、使いこなすことが出来なければ無意味だといえるでしょう。

　英文法を学習するときのポイントは、「**英文法の本を頭から順番にすべて読むような真似はしない**」ということ。関係代名詞が分からなかったら、関係代名詞の項目だけを確認する。つまり、辞書のように英文法の参考書を使うべきなのです。**ただ単に知識として覚える英文法では意味がありません。応用の利く英文法でなければ、将来のビジネ

スでも何の役にも立ちません。さらに英文法を知っていれば、英会話の上達にもつながることは間違いありません。英文法の知識があると、文法的に会話を理解することによって、「1を聞いて10を知る」ように幾通りもの応用が利くようになります。文法の知識が欠如したままで、ただ単に文章を覚えていっても、それは系統だっていないバラバラの知識で、次から次へと崩れていってしまいます。

　文法的な基礎知識に裏づけされた応用力があれば、英会話の上達も早いし、英作文を書く能力も飛躍的に伸びます。短期間で自分の気持ちを相手に伝える能動的なコミュニケーション力を伸ばすためには、文法的な知識に裏づけされた応用力が重要なのです。

　ここで前置詞（副詞）を例にとってみましょう。

　前置詞（副詞）が主に名詞の前についてその名詞に何らかの属性を加えることは、ある程度、誰でも分かっているでしょう。ただ、個別の前置詞（副詞）をきちんとコミュニケーションに応用できるかどうかは、前置詞（副詞）の意味をイメージとしてとらえていなければいけないのです。

　たとえば、onという前置詞（副詞）がありますが、これを「〜の上に」と丸暗記しているから、応用が効かなくなってしまいます。onは、後に来る名詞に物理的に「接

触している」というのが本来のイメージなのです。だから、on and off といえば、電気のことで「ついたり消えたり」となるのです。

これを応用すると It rained on and off. と言ったら「雨が降ったりやんだりだった」、on duty today と言えば「今日は当番で」ということだし、off duty today と言えば「今日は非番で」となるのです。

You are on. と言えば、通常「おまえら上にいろ」という意味ではなくて、「おまえ仕事だ、出番だ」ということになるのです。さらに、It's on me. と言えば、「俺のおごりだ」という意味になります。on you と言ったら「おまえに頼る」という意味にもなるのです。

●悪い点を取ってきても決して叱ってはいけない

悪い点を取って一番傷ついているのは、本人自身であることは言うまでもありません。したがって、親が「どうしてこんなに悪い点を取ったんだ」「どうしてお前の頭はこんなに悪いのだ」などということは口が裂けても絶対に言ってはいけないと思います。

もし万一悪い点を取ってきた場合、「次は頑張れよ」と言って子供の眼を将来に向けさせることが最も大切であると思います。「次に頑張ればいいじゃないか」というよう

なことを言って、ポンと肩を叩いてあげるのもよいと思います。

テストの成績を見て親が一喜一憂してしまっては、子供がますますいじけてしまいます。**親が感情的になり過ぎて子供を叱ったり、反対に子供を溺愛してしまったりするようなことがあっては、子供が親の顔を見ながらオドオドと生活するようになってしまうと思います。**

したがって、英語のテストの点数を絶えずチェックするようなことは、子供自身がやってもかまいませんが、親は決してそのようなことは避けなければいけないと思います。

●中学時代の親友が教えてくれた、成績を伸ばす方法

今でも私の心の中に生き続けている彼（K君）との思い出があります。

高校入試の前日のことでした。その日は大雪でした。高校入試を明日に控えて、私と彼（K君）は吹雪の中、自転車を走らせながら、自宅へ向かっていました。中学校と自宅の距離は10キロほど離れていたので、私たちは毎日自転車で同じ通学路を通っていました。

彼は進学校である名門の宇都宮東高、私は地元の氏家高校（現・さくら清修高校）を受験することになっていました。

家の近くまで来た時に、突然私は中学校に上履きを忘れてきたことに気づきました。

　高校入試の時には中学校で履いていた上履きを各自が持参して2日間の試験を受けることになっていました。でも僕は、この大吹雪の中を再び10キロも走って中学校に上履きを取りに戻る気持ちにはなれませんでした。

　僕は彼に言いました。「俺の受ける高校は、お前が受ける名門校とは違うから、合格するのは簡単だ。どうせ合格したら氏家高校の上履きを買わなければならないんだから、俺は氏家高校の上履きを履いて明日の試験を受けるよ。どうせ、簡単に合格できるのだから」。すると彼がこんなことを言いました。

　「何を言っているんだ！　まだ合格していないのに、受験の日に氏家高校の上履きを履いて行くようなことをしたら、入学してからイジメにあうぞ！　ダメだ、そんなこと！　俺が一緒に、学校までついて行ってやるから、これから学校へ引き返して3年間使った上履きを持ち帰ろうよ。そうした方がいいよ。」

　それから私たちは、大吹雪の中、雪をかき分けて自転車を走らせました。大粒の牡丹雪が容赦なく降り続き、自転車のタイヤが雪の中に深く埋もれてしまいました。真っ暗

闇の校舎の下駄箱から上履きを探して家路についた時には、私たちはクタクタに疲れて果ててしまいました。

「こんなに疲れたのは初めてだよ！ 今日は中学校を2回往復したから、30キロ以上自転車に乗っちまった！**落ちたら、お前のせいだぞ！でも明日は頑張ろうな！**」彼は笑いながら私に言いました。

当時の栃木県立高校の入試は2日間に渡って行われました。英語、数学、国語、理科、社会が各50点満点。美術、音楽、保健体育、技術家庭が各25点満点。合計350点満点でした。入試を終えた次の日、彼が私の家に遊びに来ました。彼は笑いながら言いました。

「**大吹雪の晩に中学校を自転車で往復したもんだから、俺、風邪ひいて、おまけに下痢して、試験中に何度も便所に行ったよ。落ちたらお前のせいだからな！**」

二人で地元栃木県の下野新聞に載せられた試験問題の正解を見ながら自己採点していると、彼は言いました。

「信じられない。変だな。」

何と彼は総得点322点（350点満点）を取り、宇都宮東高校に主席で合格しました。それは栃木県全体でも最高点の成績でした。一方の私は英語で満点をとることができました。この時の英語満点体験が私の英語人生に多大な影響

を与えたことは言うまでもありません。英語の基礎力が完成した瞬間でした。

　受験で大成功を修めた彼に、私は勉強の秘訣を訊いてみました。

　すると彼は笑いながら答えました。「今だから言えるけど、これはあまり人には教えたくないことだけどね。これは実は、簡単なことなんだよ。」

　「問題集をやっていて、答え合わせをする時に、自分が間違えた部分を徹底的に分析して、二度と同じ間違えを繰り返さないようにすることだ。これを徹底的にやることなんだ。これは簡単そうに見えるけど、結構、苦しくて辛いことなんだ。人間は、自分の間違えた部分に目を向けることを無意識のうちに避ける傾向があるからね。自分の解答にマルが付いたところに目が行ってしまうのが、普通の人間だからね。」

　「誰だって不愉快な気分や苦しい経験を無意識に回避しようとするけれど、受験で成功するためには、自分が間違えた部分を徹底的に分析して、二度と同じ間違えを繰り返さないようにする習慣を身に付けることが必要なんだ。」

　彼は、中学時代と変わらない笑顔を見せながら答えてく

れました。**中学時代の親友は一生の親友だと昔、聞いたことがありますが、正に正解だと思います。あの時の大吹雪の夜の思い出は、生涯忘れることはないでしょう。**青春の美しい思い出の中に鮮明に、永遠に生き続けることと思います。

● **テストの成績は、子供が見せるまで、無理に見ない**

それから3年の歳月が流れ、彼（K君）は高校を卒業後、一年浪人中に、全国規模で約40万人の受験生を対象とした旺文社模擬テストで日本一（私立理系）になりました。私は当時、現役で国立大学に合格して、大学一年生に在学していました。

私たちが高校を卒業したのは1969年3月でした。この年は「100年に一度の受験界の異変」ともいわれる、東大入試中止の年でした。大学入試は大混乱でした。

偶然、旺文社模擬テストの成績優秀者の一位（私立理系）に彼の名前が掲載されているのを目にした時の驚きは今でも忘れることが出来ません。早速彼に電話を入れ、会いにいきました。

しかし、テストの成績を彼は絶対に親に見せるようなことはしませんでした。なぜかというと、**親から過大に期待されるのが何よりも怖かったらしいのです。**

しかし彼と私とは親友で、今でも時々電話で長話をするのですけれども、**彼自身は「親に期待されるのが俺としては一番嫌だった」と言っていました。**彼は模擬テストでもらった全国一位の賞状と副賞の楯をタンスの中に仕舞い込んでいました。実際に日本一の答案用紙を見せてもらいました。英語85点、数学85点でした。

彼のお母さんから私のところに直接電話があって「うちの子は本当に全国で一番（私立理系）になったのか」といったような問い合わせに対して、私は友達として「確かに彼は全国で一番（私立理系）になったのですが、彼のことはそっとしてあげて下さい」と答えてあげたことを覚えています。

彼にとって、お父さん、お母さんから必要以上に期待されることが怖かったのだと思います。

彼は本当のところ映画監督になりたかったらしいのですが、理科系の勉強ができることがかえって災いしてしまい、本来ならば文科系に進めたものをたまたま、数学と理科がずば抜けてできたがために、早稲田大学理工学部、慶応大学理工学部、慶応大学経済学部、東北大学工学部・電気応用物理学科に合格しました。

結局、K君は東北大学工学部に入学しました。しかし、

彼の話によれば、4年間ほとんど大学の方には顔を出さず、毎日のように映画を見て4年間を過ごし、4年で大学を中退してしまいました。

しかし、ちょうど彼の父親が定年退職の時期と重なり幸いにしてお金が入ったので、彼の父親が彼に対して「おまえが好きなことをやってもいい。でも、一応大学だけは出ておいた方がいいだろう」と言われたそうで、彼はわずか数か月間の受験勉強の末、早稲田大学文学部に合格し、フランス文学科を卒業しました。

彼の場合にも、周囲の人が彼のことを「全国一できるんだ」といった期待をかけてしまったがためにこういった悲劇が生まれたのでした。

彼は彼なりの人生を歩みたかったのでしょうが、しかし、なまじ、テストの成績が良く、そして**親から期待され、先生から期待され、周囲からも期待され過ぎると、自分自身の道を誤ってしまうこともある**のではないでしょうか。

子供のテストの成績は、親にとっては関心があることですが、子供というものは良い点を取った時には、お父さん、お母さんに誉めてもらいたくて、家に飛んで帰ってきて「お父さん、お母さん、いい成績が取れたよ」といって報告するのですが、悪い成績を取った場合、子供は心の中で苦悩

し、葛藤し [19]、小さな胸を痛めていることと思います。

　悪い成績を取って傷ついているのは子供自身なのですから、子供が自分から成績を見せるまでは無理に見ない方がよいと思います。ふとしたことから子供の心を傷つけてしまい、非行に走らせてしまうようなことも世間にはよくあることだと思います。しかし、**悪い成績だから親に見せないような子供もいる反面、その逆もあるのです。**

　したがって、**テストの成績が良くても悪くても、子供が自らテストの成績を見せるまでは、親はじっと我慢して見守ってあげることが大切であると思います。誰にでも失敗というものはつきものです。**子供が失敗した場合「なぜこんなバカな失敗をしたのか」などとは、絶対に言ってはいけないことです。子供が失敗をした場合には「お父さんだってこういった失敗をしたことがあるよ」とか、「どんなに偉い人でも失敗を繰り返すことによって偉くなったんだ」とか、あるいは「**おまえが尊敬している誰々さんでも失敗をしながら成長していったんだ、誰にでも失敗はある**」といったようなことを引合いに出して子供を慰めてあげることが大切であると思います。

【重要語句】

(17) 語源 = 英語は、ゲルマン諸語、ラテン語及びロマンス諸語、ギリシア語などから大量の言葉を借入しました。それらの言語はすべて印欧語族に属するものです。英語の語彙はすべて印欧祖語に由来する言葉が約80パーセントで、それらが約2,000の語根から分出し、派生したものです。

(18) 人間工学 = human engineering 呼ばれます。人間の特性を知り、それにもとづいて人間が安全、能率的、かつ快適に作業ができるように機械器具、装置を設計し、検討して行くための工学的知識体系のこと。

(19) 葛藤（コンフリクト conflict） = 二つ以上の対立する欲求が同時にあって、それらの強さがほぼ等しいために、行動への方向づけができないでいる状態。レヴィンによる葛藤の分類は次の通り。a. 接近 - 回避型：同一対象に正負の欲求が共存（愛憎）。b. 回避 - 回避型：選ばねばならない対象がいずれも避けたい。c. 接近 - 接近型：選ばねばならない対象がいずれも望ましい。

第13章

子供とともに40代から学ぶ英語

●子供と一緒に「中学・高校英語」をやり直してみよう

　グローバル化が進む昨今、英語は欠かせないスキルになりつつあります。しかし、学校を卒業して以来、英語を勉強せずに40代を迎える人は数多くいます。危機感はあるものの、忙しさや記憶力の低下を理由に英語へのコンプレックスを抱えたまま、習得を諦めてしまっている人もいます。

　ただ、そもそも本当に「英語ができない」のでしょうか。私たちの多くは、**中高の6年間は英語に触れ、基礎は身につけてきたはずです。実はそこで身につけた英語力は、思っているほど低くはないのです。**たとえ、学生時代に勉強したことをほとんど忘れているとしても、一度覚えたことは完全に消え去ることはありません。**ポイントを押さえて復習し、その上に新たな知識を加えて行くことが、英語を短期間で、効率的に習得する近道なのです。**

　とはいえ、40代はとにかく時間がありません。中間管理職ともなればひとしおでしょう。そのため、効率的に英語を習得する勉強法が求められます。では、それはどんな勉強法なのか。そこでお勧めしたいのが、「中学英語」のやり直しです。

　というのも、**英語の基礎は中学の時点でほとんど学んでいるからです。高校英語は、その知識を応用するだけと言っ**

ても過言ではありません。とくに、多くの方が苦手意識を抱きがちな文法は良い例です。実際に必要とされるのは「be動詞＋動詞の ing 形」や「have ＋過去分詞」といった時制、「which や who、that 節」といった関係代名詞くらいですが、これらはすでに中学で習っていることばかり。高校で学ぶことはそれを複雑にしたものにすぎません。

　さらに言えば、**日常的な英会話においては、関係代名詞すらほとんど使われません。中学英語の中でも、ごく限られた文法のエッセンスを知っているだけでほとんど間に合うのです。英会話に限って言えば、中学英語の文法ですらすべてをおさらいする必要はない**のです。

●「1 を聞いて 10 を知る」勉強法

　それでも、本当に中学レベルの英語を学び直すだけで大丈夫なのかと疑う方は多いのではないでしょうか。とくに、大学受験時に大量の英単語やイディオム、頻出表現を丸暗記していた人ほど、中学英語だけで対応することに不安を感じる傾向があるようです。

　しかし、**40 代からは勉強法を根本的に変えるべきです。必要なのは社会人経験や論理的思考力を駆使し、答えを推測して行く「1 を聞いて 10 を知る」勉強法。たとえば、英単語を覚える場合は、語源を通して覚えるようにすると、**

より効率的です。また、単語の意味を全体の文脈から類推する習慣をつけておくと、未知の単語に出合ったときでも意味を推察することができます。

たとえば、多くの企業で受験が求められているTOEICテストですが、ここで出題されるのは、会議や交渉・仕入れの一場面、経理の書類など、ビジネスシーンに関連する問題がほとんど。社会人経験があればあるほど、いくつかの言葉を理解するだけでその場の状況が理解でき、会話の内容を推測することができるのです。むしろ、英語力が高くとも社会人経験がない人のほうが、状況や話の内容を把握するのが難しいはずです。

また、ビジネスメールをはじめとしたビジネス文書においては、会話と違って関係代名詞が頻繁に出てきます。

ただ、それは一番大切な用件に対して、細かな条件を追加するという使われ方がほとんどなのです。それさえ知っていれば、たとえわからない単語があったとしても、どの用件に対してどんな条件を追加しているのか、経験から類推することができるはずです。このように**中学英語の基礎知識に加え、「大人の知恵」を働かせて内容を類推することで、知識不足はある程度カバーできるのです。**

むしろ、40代以降に英語を学び直すほうが、ビジネス英語については習得が早いとすら言えるでしょう。

●大人の英語勉強法

それでも、あくまで中学英語は基礎。いくら「大人の知恵」である程度カバーできるとしても、次のポイントを守って勉強し続けなければなりません。

1つ目は、具体的な目標設定。たとえば、TOEICテストのスコアが現時点で600点なら、次は650点を目指すなどといったものです。目標があればこそ、それを実現するための具体的な勉強法が見えてきて、自ずと勉強する習慣も身につきます。

2つ目は、「勉強以外の英語」に日頃から触れるようにすること。英語の習得にはやはり「量」も必要ですが、忙しい中、時間を作るのはなかなか難しいものです。そこで、趣味の時間にもなるべく英語に接するようにしましょう。**たとえば、サッカーなどのスポーツが好きな人は海外のスポーツ新聞を読むなど、好きなジャンルの英語に積極的に触れるのです。**

他にも「Asahi Weekly」などの英字新聞を購読するのもお勧めです。社会の動きを捉えながら英語の勉強もできるという、まさに一石二鳥の教材です。

そして最後は、英語の文法を体系的に学び続けること。英語の基礎である文法に関しては特に、学び続けないと使いこなすことが難しいからです。

とはいえ、分厚い文法書を購入して内容をすべて頭に叩き込むのはむしろ学習効率が低い。最初にも言ったように、**目標とすべきは「中学レベルの英文法をマスターする」で十分なのです。**

●**基本動詞と前置詞の組み合わせで学ぶ英語**

親しみのある口語（informal speech）では、いわゆる"basic verbs（基本動詞）"と前置詞、副詞が結びついてidiomが多用されます。きわめて頻繁に使われる基本動詞と、それらと結びついて慣用句（idiom）を作り出す前置詞を使った**映画のセリフを学ぶことで、リスニングの力を急速に高めることができ、同時に、基本動詞による表現力を確実に伸ばすことができます。**

do と get

do といえば、「する」という意味にとらえられがちですが、**本来は「〜を目的どおりに運ぶ」という意味**。つまり、最後まで何かを行なおうという、一種の完結性を表わす語なので、「完結性→用を足す→役立つ・都合良く行く」と、さまざまな意味の広がりをもっていきます。この目的達成のニュアンスを「do＋名詞」で検証してみましょう。

・do one's hair「整髪する」

- do one's homework「宿題をする」
- do one's duty「義務を果たす」
- do the problem「問題を解く」
- do the cooking「料理をする」
- do the dishes「皿を洗う」
- do one's exercises「体操をする」
- do the host「ホストを務める」
- do the housework「家事をする」

以上のすべての例に共通しているイメージは「目的達成」、つまり「ある行為の遂行」なのです。日本語でも「お茶（に）する」などという言い方をしますが、これが「お茶を飲む」という意味であるように、**doの次にくる目的語（名詞）によって、いろいろな動作を表現できるのです。**

それらを日本語に訳すときに重要なのが、「do＋名詞」のイメージから、適切な訳語を見つけること。「難しそう！」なんて思わずに、自然な日本語を考える面白さを楽しみましょう。訳をいちいち覚える必要はありません。**イメージさえとらえておけば理解は簡単で、訳語も状況によっていろいろ浮かんでくるはずです。**それどころか英語でリスニングする場合には、頭の中で訳さずに英語のイメージそのものを丸ごと理解してもいいのです。このことこそが、少数の基本語で表現できる範囲の広がりにつながることなの

です。

　その他にも do away with、do without、have to do with など、重要なイディオムもたくさんあります。また、

　・I do want to eat that cake.

のように、「do ＋動詞の原形」で動詞を強調したり、

　・He loves her very much and so do I.

のように、同じ動詞の繰り返しを避けるための代動詞としての働きもあります。これらの表現は、「覚える」というよりも、テンポの良さをかみしめるといいですね。

　get の本来の意味は「ある状態に達する」で、そこから「得る」「手に入れる、買う」などの多様な意味が生まれます。

　get では「状態の変化」や「動作」に重点が置かれていると考えていいでしょう。

　・get an idea　　　　・get a blow
　・get a victory　　　・get a call

などを見てもわかるように、get の根底にある概念は have とほぼ同じで「所有」ですが、have は「状態」に重点が置かれているのに対して、get はむしろ「動作」の方に焦点が当てられていると考えてください。

　例えば、I have a black T-shirt. は「黒の T シャツを持っている」（状態）ですが、I got a black T-shirt. は「黒の T シャツを買った」と、動作に重点が置かれています。

getが動作に重点を置いていることがよくわかる例として、「get + 過去分詞」があります。

　「get + 過去分詞」は受動態の一種と見なすことが可能ですが、「be + 過去分詞」の受動態が「状態」も「動作」も表わすことができるのに対して「get + 過去分詞」は、「一時的な動作」を表わします。

　・This letter is written in English.
　・The thief got arrested by the police.
　　= The thief was arrested by the police.
　・I got married last month.

　この get married は「結婚する」という動作を表わし、「結婚している」という状態を表わすことはできません。逆に「先月結婚した」を、I was married last month. と言うこともできないのです。

　状態を表わすときは、be動詞を用います。

　・How long have you been married?

　「ある状態に達する」という get のイメージは「get + 形容詞」（=become）の表現形式によく表われています。

　・get dark
　・get fat
　・The weather is getting colder.

などがその例です。

column 「不幸自慢」は「人生の嘘」

　自分がいかに不幸な人生を歩んできたのかを話す「**不幸自慢**」をする人にも「**優越コンプレックス**」があると言えます。「大変だったでしょうね」と同情的な言葉を掛けても、「あなたの様な幸せな人には、私の不幸なんてわからないでしょう。」と拒否反応を示します。

　不幸自慢をする人は、自分を悲劇の主人公にして、無意識のうちに、自分が相手よりも優位な立場に立とうと考えているのです。

　「**劣等コンプレックス**」とは、自分が劣った存在であることを示し課題から現実逃避することです。アドラー心理学では、劣等感を現実逃避のための「言い訳」に使うことを「**劣等コンプレックス**」と呼んでいます。つまり、「Aであるから、Bができない。」「Aでない、Bができない。」という論理です。例えば、トラウマ（心的外傷）や神経症などを理由にして、「だから私にはできない。無理なのだ。」と主張するのです。日常生活の中でも、子供が、「おなかが痛いから、学校に行きたくない。」と言うことがあります。

　これをアドラーは「見せかけの因果律」と呼んでいます。このように、口実を持ち出して人生の課題から逃避することを「人生の嘘」と呼んでいます。

　アドラーは、この「人生の嘘」を最も嫌っています。「人生の嘘」をつくことによって現実から逃避している限り、人は幸せになることもできず、人間的に成長する機会を永遠に逸してしまうと考えているのです。

第14章

日本人の英語リスニング弱点

1. 弱く発音される語

　英単語には＜内容語＞と＜機能語＞とがあります。内容語とは、文において重要な意味を担う語のことで、名詞・動詞・形容詞・副詞・疑問代名詞などです。これに対して機能語とは文を構成する上で大切な役割を果たしますが、あまり重要な意味を担わない語のことで、具体的には冠詞・前置詞・助動詞・接続詞・代名詞・関係詞などです。機能語は連続する発話においては弱く、あいまいに発音されるので聞き取りも難しくなってしまうわけです。

　It's on the table. の on や He is a friend of mine. の of などといった前置詞は、連続する発話においては弱く発音されます。個々に発音されると"イッツ・オン"、"フレンド・オブ"のように聞こえますが、連続する発話では"イッツォン"、"フレンダブ"と弱く発音され、聞き取りづらくなります。逆に言えば、この強弱こそが英語の"リズム"を生み出すわけです。

① It's <u>on</u> the TV.
　「それはテレビの上にあります。」
　★ 前置詞が弱く発音される例。

② I didn't know you like it.

「君がそれを好きだとは知らなかった。」

★ 人称代名詞が弱く発音される例。

③ This is my wallet.

「これは私の財布です。」

★ be 動詞が弱く発音される例。

④ I would like to go with you.

「私もあなたと一緒に行きたいです。」

★ 助動詞が弱く発音される例。

⑤ I studied English and French.

「私は英語とフランス語を勉強しました。」

★ 接続詞が弱く発音される例。

⑥ This is the book that I was talking about.

「これは私が話していた本です。」

★ 関係詞が弱く発音される例。

2. 同化現象

同化とは、後ろの音に影響されて変化したり、隣接す

る二つの音が一つになってしまったりする現象のことを言います。ここでは以下の3つの同化現象を見てみましょう。

① 摩擦音が隣接する場合
② 子音の後に半母音 [j] が続く場合
③ 有声音が無声音になる場合

① They're really nice shoes.

「本当に素敵な靴ね。」

★ nice の［ス］と shoes の［シュ］との間で同化が起こり、［ナイッシューズ］のように聞こえます。

② Is she at home? — Well, she's taking a nice zizz at the moment.

「彼女はご在宅ですか？―その、彼女は今、気持ちよさそうにうたた寝しています。」

★ Is の［ズ］が she の［シ］につられて無声音の［ス］に変化し、［イッシー］のように聞こえます。同様に nice と zizz の間でも同化が起こり［ナイッジズ］のように聞こえます。また taking と a、zizz と at のそれぞれ間で連結が起こり、全体として［テイキンガナイッジズァッザ］のように聞こえます。

③ I think she likes you.

「彼女は君の事が好きだと思うよ。」

★ likes の［ス］と you の［ユ］との間で同化が起こって［ライクス　ユー］ではなく［ライクスュー］のように聞こえます。

④ Are you ready? ─ Not yet.

「準備はいいかい？─まだよ。」

★ Not の［ト］と yet［イェット］の最初の音である［jːュ］音との間で同化が起こり、［ノット　イェット］ではなく［ノッチェット］、さらには［ノッチェッ］のように聞こえます。

⑤ She is a good teacher.

「彼女は良い先生だ。」

★ good の [d] が teacher の [t] につられて無声音に変化し、［グッド　ティーチャー］ではなく［グッティーチャー］のように聞こえます。

⑥ You don't have to apologize to him.

「彼に謝る必要はないわよ。」

★ have の［ブ］が to の［ト］につられて無声音に変

化し、［ハブ　トゥ］ではなく［ハフトゥ］のように聞こえます。さらには後に続くapologizeと連結して［ハフタポラジャイズ］のように聞こえます。

3. 短縮形の発音

短縮形の発音も慣れていないと意外と聞き取れないものです。主な短縮の例をここでズラッと並べてしまいましょう。

① be動詞の短縮形
　　I am → I'm［アイム］
　　He is → He's［ヒーズ］
　　You are → You're［ユア］

② 助動詞の短縮形
　　I will → I'll［アイル］
　　He would → He'd［ヒードゥ］
　　You shall → You'll［ユール］
　　She should → She'd［シードゥ］
　　We have → We've［ウィーヴ］
　　He has → He's［ヒーズ］
　　They had → They'd［ゼイドゥ］

③ 助動詞＋完了形を表す have の短縮形
　　would have → would've［ウドゥヴ］
　　should have → should've［シュドゥヴ］
　　could have → could've［クドゥヴ］
　　might have → might've［マイトゥヴ］
　　must have → must've［マストゥヴ］

④ be 動詞・助動詞＋ not の短縮形
　　is not → isn't［イズント］
　　was not → wasn't［ワズント］
　　are not → aren't［アーント］
　　were not → weren't［ワーント］
　　will not → won't［ウォウント］
　　would not → wouldn't［ウドゥント］
　　shall not → shan't［シャーント］
　　should not → shouldn't［シュドゥント］
　　can not → cannot / can't［キャナット／キャント］
　　could not → couldn't［クドゥント］
　　might not → mightn't［マイトゥント］
　　must not → mustn't［マスント］←［マストゥント］
　　ではないことに注意
　　need not → needn't［ニードゥント］

注意点：

- 's → ＜is の短縮形／has の短縮形／所有を表す 's ／Let us の us の短縮形＞の場合がある
- 'd → ＜would の短縮形／had の短縮形＞の場合がある
- 'll → ＜will の短縮形／shall の短縮形＞の場合がある
- I am not は I'm not とする。amn't という形はない。

① <u>Who's</u> that cool guy? — He's my brother.

「あのかっこいい人、だれ？―彼は私の兄よ。」

　★ Who's は［フーズ］のように発音され、さらには後ろの that との間で同化が起こり、［フーザット］のように聞こえます。He's は［ヒーズ］のように発音されます。文脈を手がかりに whose や his との聞き間違いに注意しましょう。

② <u>That'll</u> do.

「それで事足りるでしょう。」

　★ That'll は［ザトゥル］、あるいは［ザトゥー］のように発音されます。この will の短縮形は、口語では Tom'll のように固有名詞にも用いられること

があり、[トムル] のように発音されます。

③ According to the weather forecast, it won't rain today, but I'll bring an umbrella, just in case.

「天気予報によれば今日は雨は降らないそうだが、念のため傘を持って行くことにしよう。」

★ I'll は [アイル] のように聞こえます。will not は won't のように形が変わり、発音も [ウォウント] のようになります。速い発話では [ウォント] のように聞こえ、この例文では t の音も脱落して [ウォンレイン] のように聞こえます。また bring、an、umbrella の間で連結が起こり [ブリンガナンブレラ] のように聞こえます。

④ He didn't give up his dream.

「彼は自分の夢をあきらめなかった。」

★ didn't は [ディドゥントゥ]、あるいは [ディドゥンッ] のように発音されますが、速い発話においては [ディン] のように聞こえることもます。また give と up の間で連結が起こり、up の p の音も脱落して [ギヴァッ] のように聞こえます。

⑤ She works for a pharmaceutical company, <u>doesn't</u> she?

「彼女は製薬会社に勤めてるんでしょ？」

★ doesn't は［ダズントゥ］のように発音されますが、この例文では語末の［トゥ］の音が脱落し、［ダズンシー］のように聞こえます。does か doesn't かの判別は難しい場合がありますが語末での [n]（鼻から空気が抜ける音）の有無に注意を払うと良いでしょう。有れば doesn't、無ければ does です。

⑥ I <u>should've</u> brought an umbrella.

「傘を持ってくればよかったなぁ。」

★ should've は［シュダヴ］のように発音されます。この例文では後に brought が続いており、［シュダッブロート］のように発音されます。さらには brought an umbrella の間で連結が起こるので、全体としては［シュダッブロータナンブレラ］のように聞こえます。

4. 連結現象：破裂音＋母音

連結は、英語を聞き取りづらくする典型的な要因で、語末の子音とそれに続く語頭の母音がつながって発音さ

れるために単語の切れ目が分からなくなってしまう現象のことです。具体例として like it という並びを考えてみると、like の語末の [k] という子音と it の語頭の [i] という母音が結びついて［ライク　イット］ではなく［ライキット］のように聞こえます。ここでは"破裂音と呼ばれる子音 [p, b, t, d, k, g] ＋母音"の連結を見てみましょう。

① Stop it!
　「やめろよ！」
　★ 二つの単語の間で連結が起こり、文尾の [t] が弱化されて［スタッピッ］のように聞こえます。

② What are you talking about?
　「何を言ってるんだよ？」
　★ それぞれの間で連結が起こり、What are は［ワター］、あるいは［ワラー］のように、talking about は［トーキンガバウッ］のように聞こえます。少し速く読まれると、［ワラユトーキナバウッ］のような感じに聞こえます。

③ She seemed kind of surprised.
　「彼女はちょっと驚いたようであった。」

★ kind と of の間で連結が起こり、of の［オ］という音も小さい［ァ］の音へと弱化されるため、［カインダヴ］のように聞こえます。また速く発音されると［カインダ］のように聞こえることもしばしばです。

④ Hang in there!
「頑張れ！」

★ Hang と in の間で連結が起こり、［ハンギン］のように聞こえます。また in と there の間で同化が起こり、［ハンギンネァ］のように聞こえることがあります。

⑤ They made me a good offer and I decided to take it.
「良い申し出を頂いたので、私は引き受けることに決めた。」

★ and と I の間で連結が起こり［エンダイ］のように、さらに速い発話では同化現象も加わり［エナイ］のように聞こえることがあります。take it は［テイキット］、さらには［テイキッ］のように聞こえます。

⑥ Take it easy.

「落ち着けよ。」

★ Take と it の間で連結が起こり［テイキット］のように、さらには it と easy の間で連結が起こり［ティーズィー］のように、全体として［テイキティーズィー］のように聞こえます。

5. 連結現象：摩擦音＋母音

ここでは"摩擦音と呼ばれる子音 [f, v, s, z, θ, ð, …] ＋母音"の連結を見てみましょう。具体例として is elegant という並びを考えてみると、is の語末の [z] という子音と elegant の [e] という母音が結びついて［イズ　エレガント］ではなく［イゼレガント］のように聞こえます。

① She gave a sniff of contempt.

「彼女は軽蔑して鼻をふんっと鳴らした。」

★ gave a は［ゲイヴァ］のように、sniff of は「スニッファヴ」のように聞こえます。なお、give a sniff of contempt は「軽蔑して鼻をふんっと鳴らす」という表現です。

② I can't believe it!

「信じられない！」

★ 二つの単語の間で連結が起こり［ビリーヴィット］のように聞こえます。さらには文尾の [t] が脱落して［ビリーヴィッ］のように聞こえます。

③ They celebrated the twentieth anniversary of the founding.

「彼らは創立 20 周年を祝った。」

★ twen- と -tieth の間で同化が起こり、［トゥエニエス］のように聞こえ、twentieth と anniversary の間で連結が起こって［トゥエニエサニヴァスリー］のように聞こえます。

④ She was so astonished that she couldn't breathe at all for a moment.

「一瞬の間まったく息ができないほど彼女はびっくり仰天した。」

★ breathe と at の間で連結が起こり［ブリーズァット］のように聞こえます。さらに at と all の間でも連結が起こり［アトール］のように聞こえ、全体としては［ブリーズァトー］のように聞こえます。

⑤ That's a nice idea!
　「それはいい考えだ！」
★ That's と a の間で連結が起こり［ザッツァ］のように、nice と idea の間でも連結が起こり［ナイサイディア］のように聞こえます。

⑥ I love fish and chips.
　「私はフィッシュアンドチップスが大好きだ。」
　★ fish と and の間で連結が起こり［フィッシャンド］のように聞こえます。後に chips という語が続くので and の d の音が脱落し、全体として［フィッシャンチップス］のように聞こえます。

6. 連結現象：その他の子音＋母音

　ここでは"破裂音・摩擦音以外の子音 [n, m, l, r] ＋母音"の連結を見てみましょう。具体例として an apple という並びを考えてみると、an の語末の [n] という子音と apple の [æ] という母音が結びついて［アン　アッポー］ではなく［アナッポー］のように聞こえます。

① Could you bring me an iron, please?
　「アイロンを私のところに持ってきてくれる？」

★ an と iron の間で連結が起こり［アナイロン］のように聞こえます。また Could と you の間で同化が起こり、［クジュー］のように発音されます。

② Come on in.
「さぁ入って。」
★ come、on、in それぞれの間で連結が起こり、全体として［カモーンニン］のように聞こえます。

③ Can I have some of yours?
「あなたのを少しもらえる？」
★ some と of の間で連結が起こり［サマヴ］のように聞こえます。さらには of と yours の間でも連結が起こり、速い発話では全体として［サマヴュアーズ］のように聞こえます。

④ Could you tell us all about it.
「そのことについてすべて話してもらえますか？」
★ Could と you、tell と us、all と about、about と it の間で連結が起こり［クジュー］、［テラス］、［オーラバウト］、［アバウティット］のように聞こえます。文尾の [t] が脱落することも加わって、全体として

は［クジューテラソーラバウティッ］のように聞こえます。

⑤ Where is my car key?
「僕の車の鍵はどこだ？」
★ Where と is の間で連結が起こり［ホェアリズ］のように聞こえます。

⑥ The museum is far away from here.
「その美術館はここからはるか遠いところにある。」
★ far と away の間で連結が起こり［ファーラウェイ］、あるいは［ファラウェイ］のように聞こえます。また from と here の間でも here の h の音が脱落して［フラミア］のように聞こえます。

7. 連結現象：半母音の挿入

次に**半母音（わたり音）による連結**を見てみましょう。半母音（わたり音）とは [j, w] という2つの音ことで、それぞれ you、want の最初の音がそれに当たり、カタカナで表すと［ュ］、［ゥ］のような感じです。具体例としてI ever という並びを見てみると、I の [i] という母音と ever の [e] という母音の間に [j] という半母音が挿入

されて［アイ　エヴァー］ではなく［アイイェヴァー］のように聞こえることがあります。またgo aheadという並びではgoの[u]という母音とaheadの[ə]という母音の間に[w]という半母音が挿入されて［ゴウ　アヘッド］ではなく［ゴゥワヘッド］のように聞こえることがあります。また、これは[j]の挿入ではありませんが、子音と[j]の同化現象ももう一度見ておきましょう。

① Do I have to?

「やらなきゃだめですか？」

★ doとIの間に半母音である［w：ゥ］の音が挿入され［ドゥワイ］のように聞こえることがあります。またhaveとtoの間で同化が起こり［ハフトゥ］のように聞こえます。

② Please go ahead.

「お先にどうぞ。」

★ goとaheadの間に半母音である［w：ゥ］の音が挿入され［ゴゥワヘッド］のように聞こえることがあります。

③ May I ask you a question?

「一つ質問してもいいですか？」

★ May と I の間に半母音である［ j：ユ］の音が挿入され［メヤイ］のように聞こえることがあります。また ask と you の間で同化が起こり［アスキュー］のように聞こえます。

④ She and I have been friends for more than ten years.

「彼女と僕は10年以上ずっと友達だ。」

★ She と and の間に半母音である［ j：ユ］という音が挿入され、［シーイェンド］のように聞こえることがあります。また and と I の間で連結が、have と been の間で同化が起こり、全体として［シーイェンダイハッビン］のように聞こえます。

⑤ What a big yolk it is!

「何て大きな黄身なんだ！」

★ What と a、yolk と it、it と is の間で連結、big と yolk の間で同化が起こり、全体としては［ワラビッギョーキティーズ］のように聞こえます。

⑥ Can you do me a favor?

「頼みがあるんだけど。」

★ Can と you の間で同化が起こり［キャニュー］のように聞こえます。

8. 母音の脱落現象

個別にゆっくりと発音される時は聞こえる音が、速い発話になると聞こえなくなってしまうことがあり、これが音の脱落現象と言われるものです。たとえば liberal という単語はゆっくりと発音されると［リベラル］のように聞こえますが、速い発話では、アクセントが置かれてない libe- の e の部分、つまり、[ə] という音が脱落して［リブラル］のように聞こえることがあります。ここではそういった母音の脱落を見て行きましょう。

① This is a song about lovers.

「これは恋人たちの歌だよ。」

★ 速い発話では about の [ə] が脱落して［バウト］のように聞こえることがあります。this と is、is と a の間では連結が起こり、この文を速く読むと［ディスィザソンッバウッラヴァーズ］のように聞こえることがあります。

② Excuse me, you dropped something.

「あの、何か落としましたよ。」

★ 速い発話では Excuse の [e] が脱落して［クスキューズミー］のように聞こえることがあります。

③ He knows lots about cameras.

「彼はカメラについて色々と知っている。」

★ 速い発話では cameras の [ə] が脱落し、［キャムラ］のように聞こえることがあります。

④ Where is your family?

「ご家族の方はどちらにおられますか？」

★ 速い発話では family の [ə] が脱落し［ファムリー］のように聞こえることがあります。

⑤ There were a couple of policemen standing in front of the store.

「数人の警官がその店の前に立っていた。」

★ 速い発話では policemen の [ə] が脱落して［プリスメン］のように聞こえることがあります。

⑥ He's my fav<u>o</u>rite actor.

「彼は私のお気に入りの俳優なの。」

★ 速い発話では favorite の [ə] が脱落し ［フェイヴリット］のように聞こえることがあります。

9. 脱落現象：破裂音・歯擦音と子音にはさまれる [t、d]

次に子音の脱落です。［プ、ド、ク］といった破裂音や［チャ、ジャ］といった歯擦音に [t, d] などが続き、その後ろに子音が来ると、間にある [t, d] の音が聞こえなくなる現象を見てみましょう。具体的に kicked the という並びを考えてみると、kicked の [t] という音（-ed の部分）が kick- の [k] と the の [ð] に挟まれて［キックトザ］ではなく［キックザ］のように聞こえることがあります。ここでは動詞の過去・過去形を作る -(e)d の脱落、すなわち [t, d] の脱落を見て行きましょう。

① She stopp<u>ed</u> the car in front of the building.

「彼女はそのビルの前で車を止めた。」

★ stopped の語尾の［トゥ］という音が脱落して［ストップザカー］のように聞こえます。また front と of の間で連結が起こり［フランタブ］のように聞こえます。

② My son rubb<u>ed</u> my shoulders with ointment.
「息子が私の両肩に軟膏をすり込んでくれた。」
★ rubbed の語尾の［ドゥ］という音が脱落して［ラブマイ］、あるいは［ラッマイ］のように聞こえます。また with と ointment の間で連結が起こり「ウィゾイントメント」のように聞こえます。

③ Would you like some bak<u>ed</u> potato?
「ベークドポテトはいかが？」
★ baked の語尾の［トゥ］という音が脱落し［ベイクプテイト］のように聞こえます。また Would と you の間で同化が起こり［ウジュー］のように聞こえます。

④ The purse was gone when we reach<u>ed</u> there.
「私たちがそこに着いたときにはその財布は消えていた。」
★ reached の語尾の［トゥ］という音が脱落し［リーチゼア］のように聞こえます。

⑤ Ten minutes after I chang<u>ed</u> the train, I noticed that I got the wrong one.

「電車を乗り換えて 10 分後、私は乗り間違えたことに気が付いた。」

★ changed の語尾の［ドゥ］という音が脱落し［チェインジザ］のように聞こえます。また minutes と after の間で連結が起こり［ミニッツァフター］のように聞こえます。

⑥ The big man drag<u>ged</u> me out of the bar.
「その大男は私をバーの外へと引きずり出した。」

★ dragged の語尾の［ドゥ］という音が脱落し［ドラッグミー］のように聞こえます。また out と of の間で連結が起こり［アウタヴ］のように聞こえます。

10. 脱落現象：摩擦音と子音にはさまれる [t、d]

今度は［フ、ブ、ス、ズ］といった摩擦音に [t, d] などが続き、その後ろに子音が来ると、間にある [t, d] の音が聞こえなくなる現象を見てみましょう。具体的に last time という並びを考えてみると、last の [t] が las- の [s] と time の [t] に挟まれて［ラスト　タイム］ではなく［ラスタイム］のように聞こえることがあります。

① I prefer sof<u>t</u> drinks to alcohol.

「私はアルコール飲料よりもソフトドリンク（清涼飲料）を好みます。」

★ soft の語尾の［トゥ］の音が脱落して［ソフドリンク］のように聞こえます。なお、prefer ~ to ... で「…よりも〜のほうを好む」という表現です。

② The firefighter sav<u>ed</u> their lives.

「その消防士は彼らの命を救った。」

★ saved の語尾の［ドゥ］という音が脱落して［セイヴゼア］、あるいは［セイヴネア］のように聞こえます。

③ I was amaz<u>ed</u> that he passed the bar exam.

「彼が司法試験に受かったことに私は驚いた。」

★ amazed の語尾の［ドゥ］の音が脱落して［アメイズザット］のように聞こえます。また was と amazed、bar と exam の間で連結が起こり［ワザメイズド］、［バーリグザム］のように聞こえます。

④ This is the las<u>t</u> <u>s</u>ong.

「これが最後の歌です。」

★ last の語尾の［ト］という音が脱落して［ラッソング］のように聞こえます。

⑤ Could you pass me the bowl of mash<u>ed</u> potatoes, please?

「マッシュポテトの器を取ってもらえますか？」

★ mashed の語尾の［トゥ］の音が脱落し［マッシュプテイト］のように聞こえます。また Could と you の間で同化が、bowl と of の間で連結が起こり、それぞれ［クジュー］、［ボゥラヴ］のように聞こえます。

⑥ The street performer breath<u>ed</u> fire just like Godzilla.

「その大道芸人はゴジラのように火を噴いた。」

★ breathed の語尾の［ドゥ］という音が脱落し［ブリーズファイア］のように聞こえます。また like と Godzilla の間で破裂音が二つ続くために like の［ク］の音が脱落して［ライッゴズィラ］のように聞こえます。

11. 脱落現象：鼻音と子音にはさまれる [t、d] と [l]・[h] の脱落

その他の子音脱落を見てみましょう。[ン、ム] といった鼻音に [t, d] などが続き、その後ろに子音が来ると間にある [t, d] の音が聞こえなくなる現象です。具体的に haven't got という並びを考えてみると、haven't の [t] が haven- の [n] と got の [g] に挟まれて [ハヴント　ガット] ではなく [ハヴンガット] のように聞こえることがあります。また [l] 音と [h] 音の脱落も一緒に見て行きましょう。

① He didn't like the design at all.

「彼はそのデザインがまったく気に入らなかった。」

★ didn't の語尾の [トゥ] という音と like の語尾の [ク] という音がそれぞれ脱落して [ディドゥンライザ] のように聞こえます。また at と all の間で連結が起こり [アトー] のように聞こえます。

② Did you understand that?

「それが分かったかい？」

★ understand の語尾の [ドゥ] という音と、文尾の [トゥ] という音が脱落し [アンダスタンザッ] の

ように聞こえます。また Did と you の間で同化が起こり［ディジュー］のように聞こえます。

③ A<u>l</u>though he is not young, he is the best player in the soccer team.

「彼は若くはないが、そのサッカーチームで一番うまい選手だ。」

★ Although の l の音が脱落して［オーゾウ］のように聞こえます。

④ She was sleeping a<u>ll</u> the time.

「彼女はその間ずっと眠っていた。」

★ all の語尾の l の音が脱落して［オーザタイム］のように聞こえます。また sleeping と all の間で連結が起こり［スリーピンゴーザタイム］のように聞こえます。

⑤ Could you tell <u>h</u>im about the change of the schedule?

「予定の変更を彼に伝えてくれる？」

★ him の語頭にある [h] が脱落し、tell の語尾の [l] と連結して［テリム］のように聞こえます。また

Could と you の間に同化が、him と about の間で連結が起こり、全体としては［クジューテリマバウッ］のように聞こえます。

⑥ I'll call <u>her</u> and ask if she wants to join us.
「僕が彼女に電話して、参加したいかどうか聞いてみるよ。」
 ★ her の語頭にある [h] が脱落し、call の語尾の [l] と連結して［コーラー］のように聞こえます。また and と ask と if、join と us の間で連結が起こり［エンダスキフ］、［ジョイナス］のように聞こえます。

12. 破裂音の破裂が消えるとき

 破裂音 [p, b, t, d, k, g] が［プ、ブ、ト、ド、ク］などとはっきり発音されずに小さい［ッ］で表されるような、詰まった感じに聞こえてしまう現象を見てみましょう。たとえば black bird という並びを考えてみると［ブラック　バード］ではなく［ブラッバード］のように聞こえることがあります。これは以下のような場合に起こる現象です。

① 破裂音が2つ以上続くとき
② 破裂音に［チャ、ジャ］という歯擦音が続くとき
③ 破裂音に [f, v, s, z, θ, ð] などの摩擦音が続くとき
④ 破裂音に [m, n] という鼻音が続くとき
⑤ 破裂音が文尾に来るとき
⑥ 破裂音に [l] 音が続くとき

① A cup of black coffee wakes me up.

「一杯のブラックコーヒーは僕の目を覚ましてくれる。」

★ black の [k] の音と coffee の [k] の音が続くので、最初の [k] が脱落して［ブラッカーフィー］のように聞こえます。また cup と of の間で連結が起こり［カッパヴ］のように聞こえます。

② Would you help me cut chocolate?

「チョコレートを刻むの手伝ってくれる？」

★ cut の [t] と chocolate の語頭にある［チョ］という歯擦音が続くので [t] が脱落して［カッチョクラッ］のように聞こえます。

③ The man hid behind the wall.

「その男は壁の後ろに隠れた。」

★ behind の [d] と the の語頭にある [ð] という摩擦音が続くので [d] が脱落して［ビハインッザ］のように聞こえます。

④ I knew it.

「やっぱりね。」

★ 文尾の破裂音である [t] は脱落し、［イッ］のように聞こえます。

⑤ Applicants have to submit their applications by Friday.

「応募者は金曜日までに申込書を提出しなければならない。」

★ submit では [b] という破裂音に [m] という鼻音が続いているため［サッミッ］のように聞こえます。

⑥ He went for a walk in the middle of the night.

「彼は真夜中に散歩に出かけた。」

★ middle では [d] という破裂音に [l] が続いているため［ミドゥー］のように聞こえます。

13. 語頭・語尾における子音連続

英語の子音連続、いくつくらい連続することがあるのかご存知でしょうか？語頭では3つの子音が、語末では何と4つもの子音が連続することがあります。たとえば spread という単語の語頭では [s, p, r] という3つの子音が、texts という単語の語尾では [k, s, t, s] という4つの子音が連続しています。日本の音声は、通例1つの子音と1つの母音から成り立っているので、私たちにとってこのような英語の子音連続を聞き取ること・発音することは容易ではありません。耳を鍛えるのと同時に文脈・文法といった観点から判別できるように努めましょう。

① She gave me a present.

「彼女は僕にプレゼントをくれた。」

★ present の語頭では [p] と [r] という2つの子音が続いています。ゆっくり発音されると［プレゼンッ］のように聞こえますが、速い発話ではむしろ［ペゼンッ］のように聞こえることもあります。

② She didn't twist her ankle.

「彼女は足首をひねらなかった。」

★ twist の語頭では [t] と [w] という2つの子音が続

いています。ゆっくり発音されると［トゥイスト］のように聞こえますが、速い発話ではむしろ［ツイスト］のように聞こえます。このことは私たちが twin room を"ツイン　ルーム"と呼んだり、twinkle を"ツインクル"と言ったりすることからも分かりますね。

③ Did you try Splash Mountain when you went to Tokyo Disneyland?
「東京ディズニーランドに行ったとき、スプラッシュマウンテンは乗った？」
　★ try は [tr-] のように語頭で2つの子音が続いており、速い発話では［チャイ］のように聞こえてしまい chance などの語に見られる［チャ］という発音と聞き違えてしまうことがあります。また splash は [spl-] のように語頭で3つの子音が続いており、私たちが発音するときには [supula-] などと、各子音の間にどうしても母音を挿入してしまいがちですので注意しましょう。

④ He bathes at ten pm every night.
「彼は毎晩10時に風呂に入る。」

★ bathes の語尾では [ð] と [z] という2つの子音が続いています。この二つの子音はかなり似通った音なので、聞き分けることは難しく、文脈や文法知識を活用して判断することも大切です。

⑤ She respects that actor and bought some gifts for him

「彼女はその俳優を尊敬しており、彼のためにいくつかの贈り物を買った。」

★ respects では [-kts] のように、gifts では [-fts] のように語尾で3つの子音が続いており、どうしても三単元Sを表す [s] の音を聞き逃してしまいがちです。聞き取るといってもなかなか難しく、文脈・文法から判断できるようにしておくことが大切です。

⑥ I have read one-sixths of this book.

「私はこの本の1／6を読み終えた。」

★ sixths では [-ks θ s] のように語尾で4つもの子音が続いていおり、［シクスツ］のように聞こえますが、なかなか聞き取れるものではありません。"分母は序数で表すんだったな" などと、文脈や文法知識から判断できるようにしておくとよいでしょう。

14. 聞き分けづらい母音

　日本語の母音・子音の数は、英語とそれと比べると少ないという事実があります。この事実が私たち日本人にとって英語の聞き取りを難しくしている一因であると言えるでしょう。言い換えれば、英語の母音・子音のほうがより多くの区別を必要とするということです。ですから発音の似た英単語を組み合わせとして覚え、それぞれがどのような文脈で用いられているのかに注意しながら文法的な力をつけることも大切になってきます。ここでは一つの文の中に発音の似た英単語を組み込んで見ましたので、"遊び感覚"で聞き分けに挑戦してみてください。

① This bed is a bit old , but not that bad.
　「このベッドはちょっと古いけど、それほど悪くない。」
　★ bed = ベッド　bit = 少し、わずか　bad = 悪い

② I left my hat in the hut because it wasn't hot outside.
　「外は暑くなかったので私は帽子をその小屋に置き忘れてしまった。」
　★ hat = 帽子　hut = 小屋　hot = 暑い、熱い

③ The thief who stole my <u>coat</u> got <u>caught</u>.

「私のコートを盗んだ泥棒が捕まった。」

★ caught = catch（〜を捕まえる）の過去・過去分詞形　coat = 上着、コート

④ Since there was no vacant <u>seat</u>, I decided to <u>sit</u> down on the isle.

「空席がなかったので、私は通路に座ることにした。」

★ seat = 席、座席　sit = 座る

⑤ She was trying to <u>pull</u> my leg in the <u>pool</u>.

「彼女はプールの中で僕の足を引っ張ろうとしていた。」

★ pull = 引っ張る　pool = プール

⑥ There's a bird <u>born</u> in the <u>barn</u>.

「その納屋で生まれた鳥がいる。」

★ born = bear（生まれる）の過去分詞形
barn = 納屋

15. 聞き分けづらい子音

次に子音の聞き分けです。ここでは特に私たち日本人が苦手とする [b・v]、[r・l]、[s・θ]、[z・ð]、[s・ʃ]、[z・

ds]、[m・n] の聞き分けをピックアップし、母音の聞き分けと同様、一文の中に似た発音を持つ単語を組み込んで見ましたので、挑戦してみてください。また学習教材にCDなどの音声が附属している場合には、"シャドウィング"と呼ばれる、録音された音声とほぼ同時に声に出して読む学習法も試してみてください。自分で声に出す練習を重ねることで、発音は言うまでもなく、不思議とリスニング力もアップします。

① I bought it on the way home after casting my vote.
「投票の後、帰宅途中にそれを買ったの。」
　★ bought = buy（〜を買う）の過去・過去分詞形
　　vote = 投票する、投票（権）

② Could you read the lead aloud for me?
「そのリード部分（新聞などの最初の部分）を声に出して読んでもらえる？」
　★ read = 〜を読む　lead =（新聞の）リード部分

③ What do you think the stuff in the sink is?
「流しにあるもの、あなたは何だと思う？」
　★ sink =（台所などの）流し　think = 〜と思う

④ We visited the shrine first, and then, we headed to the famous Zen temple.

「私たちは最初にその神社を訪れ、それから、その有名な禅寺に向かった。」

★ then = それから、そのとき　Zen = 禅、禅の

⑤ If she sees these seeds, I'm sure she will be surprised.

「彼女がこれらの種を見たら、彼女はきっと驚くだろう。」

★ she = 彼女　sees = see（見る）の三人称単数形
　seeds = seed（種）の複数形

⑥ In sum, plants benefit from the sun.

「つまり、植物は太陽の恩恵を受けているんだよ。」

★ sum = 大意、合計　sun = 太陽

第 15 章

アドラー心理学の概要

アドラー心理学の中で特に重要なポイントは「**他人から自分が、どう思われているか、他人から嫌われないで生きるにはどうすればいいのか、ということを常に意識しながら生きる人生は、他人の評価によって自分の人生が左右されるようなものである。**これでは、自分自身の人生を生きていることにはならない。自分の人生は自分が決めたものであり、自分が主人公である。

　自分の人生は、自分自身のために存在するのだから、他人の評価を気にせずに自分自身にとって、最も有用な、自分自身にとって最も快適な、気持ちいい時間を過ごせるような人生を歩むことが大切である」という考え方です。

　このような、他人の目を気にしない自由な生き方をしていると、時には、他人から嫌われたり、陰口を叩かれたりすることもあるかもしれませんが、「自由な生き方」を選んだ方が楽に生きられ、より有用な時間を過ごすことが出来ると思います。

　アドラーは、「人間の悩みは、すべて対人関係の悩みである」と考えています。この悩みを解消するには、自分の考え方（ライフスタイル）を変えることによって、この悩みを解消することができる、と考えています。

　他人には他人の事情、課題、考え方（ライフスタイル）

があるので、**他人を自分の思うようにしようと思っても、思い通りにはならない。特に他人の愛や尊敬の気持ちは、自分では、どうすることもできないのです。**

アドラーは、劣等感とは「客観的事実」ではなく「主観的な解釈」だと考えています。つまり、主観的な「思い込み」なのだから、自分の主観を変えることによって、更には、**自分の価値観や判断基準、認知を変えることによって、劣等感は解消され、飛躍の礎石、成長の糧となるのです。**これがアドラー心理学の「認知論」です。

アドラー心理学の中で、特に強調されている点は、「人は、変われる。対人関係の悩みから解放されるためには、「勇気」を持って、自分を変えることである。今現在の自分が変われば、未来の自分も変われる。」という前向きな、生き方です。対人関係の基本は、「私とあなた」の関係です。対人関係のカードは私の手の中に握られてことを忘れてはいけません。「私」が変わらなければ、職場や環境を変えても、嫌な人間や自分を嫌う人間は、どこの世界にもいます。「私、」が変わらなければ、どんな世界に住もうとも、同じ悩みに苦しむことでしょう。現実を直視して、自分が変わらなければ、根本的な解決にはならないでしょう。

次に、アドラー心理学を理解する上で重要と思われるポ

イント、キーワードを説明します。

① **課題の分離**

他人を自分の思い通りに変えることは出来ない。特に他人の考え・行動や尊敬・愛などの感情は変えることが出来ないが、自分自身の考え方を変えることが出来る。**他人の課題に踏み込んではいけない。自分の課題に他人を踏み込ませてはいけない。**自分と他人の課題は分離して考えないと、必ず衝突し、人間関係が破綻する原因になる。

② **承認欲求の否定**

他人に自分がどう思われようと、自分の価値は変わらない。他人に承認されるために自分の人生があるのではない。自分の生き方を貫くためには、他人の目を気にせずに生きることが大切だ。そのためには他人に嫌われても構わないだろう。

自分の人生は、自分のためにある。他人のための人生ではないのだから。そして、他人もまた、その人の人生を生きているのでこちらの期待を満たすために生きているのではない。

自分がだれかから嫌われているとすれば、それは自

分が自由に生きている証(あかし)であり、自分が自分の人生の主人公になっている証なのである。

③ **認知論**

人は誰でも客観的な世界ではなく、自分の世界観に基づいた主観的な世界に生きている。主観が異なるので、認知の仕方、ものごとの捉え方、考え方、感じ方は、十人十色である。**人は自分の主観から逃れることは出来ないが、自分の主観・考え方・感じ方は自分自身が変えることが出来る。**

④ **目的論**

人間の行動は、フロイトの言うように、過去の経験など、例えば、トラウマ・心的外傷などの外的要因によって決定されるのではなく、自分の目的に従って決定されるのである。

行動や失敗の原因を過去に遡って考えても、過去は変えられない。大切なのはこれからどうするかである。

未来の目的は自分で変えられるので、これからの行動も変えることが出来る。大切なのは何が自分に与えられているのかではなくて、自分に与えられているものをどう使うかである。

⑤ **自己決定性**

　自分の人生の歩み方は、自分自身の意思で決定したものである。自分次第で人生は、変えることが出来る。**過去の人生に何があったとしても、今後の人生をどう生きるかについては何の影響もない。**今後の生き方・行動を決めるのは、現在の自分であり、自分自身の自由な選択である。

⑥ **共同体感覚**

　課題の分離、承認欲求の否定、認知論、目的論、自己決定性を通して、対人関係の問題を解決し、**敵対する他人を自分の仲間と見なし、自分の所属しているグループや集団のために貢献する**。その際に、他人の評価を気にせず、何の見返りも期待してはいけない。この時に共同体感覚がうまれる。このことを通して対人関係の問題や孤独感、孤立感は解消、克服されて、人は幸せになれる。共同体感覚はお互いに信頼関係を持ち、人と人とが結びついている状態である

　「自分は誰かの役に立っている」という貢献感を得ることによって、自信がうまれ、幸せになれるという。

⑦「勇気づけ」

　アドラー心理学では、困難を克服する活力で、自信に満たされた状態になることを「勇気づけ」とよび、**自分と他人を励ますことが、幸せな人生を歩むためには必要であると考える。**

　体罰や叱るといった行為は、いかなる場合でも、勇気を挫くものであるとしている。「ありがとう。助かったよ。」という感謝の言葉によって人は「勇気づけられる」といいます。

⑧ レジリエンス（resilience）

　レジリエンスとは、「逆境を跳ね返す力」「逆境や強いストレスにあっても、折れずに、復元できる力」を意味します。

　逆境やストレスを逆手にとって、飛躍するチャンスとして受け止め、プラスの経験として、成長の糧としてしまうような、前向きな生き方、考え方をする習慣をつけることが大切です。この姿勢を支えるのが、レジリエンスです。

⑨「ライフスタイル」

　「ライフスタイル」とは、日常生活では、一般的に、「生活様式」という意味ですが、**アドラー心理学では、人間の生き方、考え方（思考）、感じ方（感情）に近い意味で、その人独自の世界観、価値判断の基準、行動様式などの総合されたものを意味します。**

　これは固定したものではなく、自分の努力で変えることができるのです。

⑩「劣等感」

　「劣等感」とは、主観的に自分の一部を劣等と感じることです。

　アドラーが重視したのは「劣等感とは、一般的に考えられているように、他者との比較で自分自身が劣っていると感じるだけではなく現実の自分自身と理想とする、目標としての自分とのギャップに対して抱いているマイナスの感情も劣等感と考えました。つまり、**劣等感を自らの目標に向かって生き抜くための刺激として捉え、プラスのエネルギーになる**と考えました。

⑪「**劣等コンプレックス**」

「劣等コンプレックス」とは、自分が劣った存在であることを示し課題から現実逃避することです。アドラー心理学では、劣等感を**現実逃避のための「言い訳」に使うことを「劣等コンプレックス」と呼んでいます。**

例えば、トラウマ（心的外傷）や神経症などを理由にして、「だから私にはできない。無理なのだ。」と主張するのが「劣等コンプレックス」なのです。

⑫「**優越コンプレックス**」

「優越コンプレックス」は「劣等コンプレックス」の一部であると考えられます。

「優越コンプレックス」のある人は、自分を実際よりも優れているようにみせようとする特徴があります。学歴や肩書を誇示したり、高級ブランド品で身を包んだりします。

彼らには、他者よりも自分の方が優れて見えることが重要なので、**絶えず他者の評価を気にかけているのですが、実際には自分が思っているほど他者は期待していないのです。**

column 子供の人格形成は思春期の友人による影響が大きい

　6歳になり、児童期（学童期）を迎えた子供たちは、小学校に通うようになると、家庭中心の生活から学校中心の生活が始まります。新たな出会いの中で、社会性を身につけて行くようになり、自分のわがままが集団生活の中では通用しなくなります。

　親よりも友達との関係が強くなり、社会性が著しく発達し、親の甘やかしを避けるようになります。

　8歳から11歳くらいになると、仲間集団ができ、社会性や集団内での協力関係や役割関係が生まれ、共感共同体意識などが芽生えてきます。

　心理学では、12歳ころ、つまり中学生以降〜高校時代を青年期として捉えています。この時期の友人関係により、人格形成上、多大な影響をあたえられます。そして20代の安定期を過ごしている頃に、結婚を意識し始めます。

　この様に学童期から成人への過渡期における社会性の発達経過を考えてみると、家庭環境のなかで**親に甘やかされて育てられた幼児体験の影響よりも、思春期における恋愛や友情を通しての複雑な人間関係を通して受ける精神的影響の方が遥かに強烈だと思います。**

　たとえ親に甘やかされた家庭環境の中で育てられたとしても、**学生時代の友人や恋人が理想的な家庭で育てられた人物であるならば、彼らの影響を受けて行動傾向や性格も変容すると思います。**

　また、特に結婚した相手によっても、多大な影響を受けることになるのです。

第16章

「中学生・高校生の学習意欲を高める」実践研究

●高校の教育現場でのこと

　高校の教育現場において、新米教師の私がまず手始めに行なったのは、クラス担任を任された1年7組の生徒をできるだけ英語環境になじませる工夫でした。具体的に言えば、「今週の目標」や黒板の右端に書かれている月日、その他教室内の掲示物はすべて簡単な理解しやすい英語を用いるよう心掛けました。

　たとえば「Boys Be Ambitious!」などと書いて教室に貼りつけたりしました。学級日誌の感想欄にも、必ず簡単な英語で生徒にわかるように書いてやり、朝の伝達事項に関してもまず英語で伝達し、さらにその内容を日本語でもう一度伝えました。

　最初は多少閉口していた生徒たちも日が経つにつれてこの習慣に慣れ、半年後には英語を不得意とするものはいましたが、英語嫌いは1年7組からはいなくなりました。英語の授業中も私はできるだけ多く、できるだけやさしい英語を、できるだけゆっくりと生徒にわかるように話しました。

　そして時々、教科書の各課に示されている「Useful Expressions」を暗唱させましたが、その時には**生徒と苦楽を共にする**意味で、**教師たる自分が率先して各課の全文を暗唱しました**。生徒に本を開かせたまま、彼らの前でま

ず自分が苦しいながらも暗唱した各課の全文を発表しました。 本を開いている生徒たちは私が時々失敗するのを見ながら、「一行飛ばしましたよ、先生！」「先生、そこは過去じゃなくて、現在完了！」などと、口々に言いながら一心不乱に教科書の文章と私の暗唱した全文を比べていました。

あの時の生徒の生き生きした顔は今でも忘れられません。何とか暗唱した全文を言い終えると、「今度は君たちの番だ。先生はこの課全部を暗唱したんだ。君たちはその中の3行だ。やれば必ずできるはずだ！」と言って授業を進めていきました。この方法は成功しました。**教師は時には生徒と同じレベルに下りていき、英文の暗唱などの苦しい学習経験を彼らと共有する必要のあることをしみじみと感じさせられました。**

英語嫌いの生徒をなくすことに関しては何とか自信を持てましたが、多様化した生徒の能力・適性に応じた指導法を確立することは難しく、**学力不振児の問題はどうしても避けて通るわけにはいきませんでした。** その上、学習指導要領の改訂に伴って、新たに発想の転換を迫られていました。

そんな折り、ふと思いついたのは学習者の実態を構造的に把握し、その実態が一体何に根ざしているのかを科学的に検討することによって、教師の側からの「教えるべきこ

と」と学習者側からの「学びたいもの」との間のズレをただし、生徒の学習意欲を高めることができるのではないだろうかという仮説です。

学習意欲を高めることが外国語の学習成果と深く関わり合っていることは、JakobovitsとNelsonが1970年に行なった研究でも明らかにされています。それによれば、**外国語の学習成績に対して影響を及ぼしている要因構造は次のようになります。**

Foreign Language Aptitude 33%, Intelligence 20%, Perseverance or Motivation 33%, Others 14%. つまり、学習者因子が86パーセントを占めており、特にMotivationが重要な役割を果たしていることがわかります。そこでまず私は彼らに対して簡単な記述式の意識調査を行ないました。その内容は、

① 彼らが教師に対して何を要求しているのか

② 授業の進め方、進度は適切であるか

③ 教科書について理解できぬ個所はどこか

④ テストについて

⑤ その他、彼らの日頃考えていること

以上の点を中心にして記述させました。その結果を集計し、一種のカルテのようなものを作りました。そして放課後、個人面接をしたり、授業中の学習態度などをひとりひ

とり注意深く観察したりすることによって、彼らの能力・適性に応じた指導を実践していきました。

　テストの点数によって生徒の能力を断片的に捉えるようなことは絶対に避け、生徒の人格を正しく把握する努力を教師が率先して行なえば、生徒は自然に教師を信頼して学習に励むようになって行くものであると確信しました。

　教育現場においては、経験の浅い新米教師も経験豊富なベテラン教師も教壇に立って教鞭をとる限り、同等のものが要求されます。少なくとも生徒たちは同等のものを要求してきます。

● **学習者中心の英語教育**

　学習指導要領の中で特に主眼の置かれている事項のひとつとして考えられるのは、「学習者中心の英語教育」の理念です。それは具体的に言えば、**生徒の個性や能力に合った指導をすることにより、彼らが主体的に英語学習に取り組むような態度を育成することです。**

　つまり、従来の教師中心主義的学習観から生徒中心主義的学習観への発想の転換を示したものとも言えるでしょう。この理念は従来のいわゆる「詰め込み主義」に対する反省から生み出された「教育内容の精選や構造化の問題」と並び、新学習指導要領の支柱とも言うべきものであります。

生徒中心の授業を進めるためには、その前提として、学習者を理解することが重要ですが、多様化した学習者の能力・個性に合った教育を行なうためには実態調査を行なうことにより、学習者側からの「学びたいもの」と教師の側からの「教えたいもの」との間のズレをただすことにより、彼らの学習意欲を高め、彼らが主体的に英語学習に取り組む態度を育てることが可能になります。

　学習者の実態を構造的に把握し、その実態が一体何に根ざしているのかを科学的に分析し、体系的に理論構成するためには、科学的学問体系として、すでに確固たる地位を占めている統計学、心理学の学問成果を取り入れた研究方法を用いて、教育現象を没価値的に捉えなければなりません。

　まずは客観性を重視する意味で、質問用紙を被験者に配り、各々の質問事項に対して五段階で評定させた後、回答用紙の答を電子計算機用のカードに打ち込み、データを集計しました。

　この調査によって、学年差、性差、学校差によって、学習者の意識がどのように変化するか横断的な側面から捉えることがある程度可能でした。

● 「中学生・高校生の英語学習意識」の調査研究

① 調査研究の目的

　英語学習に対する意欲には、生徒の欲求、能力、性格及び、彼を取り巻く生活環境である家族関係、友人関係、教師との関係などにみられる人間関係なども深く関わり合っていますが、動機づけが生徒を取り巻く環境的要因、生徒自身の要因、教授的要因とどのように関わり合い、生徒の主体的学習に対してどう影響するかについての調査を行ない、その結果を客観的に検討することにより、阻害されやすい英語学習に対する意欲を育てて行くための何らかの指針を発見しようとしたものです。 さらに、学年差、性差、学校差によって生徒の意識がどのように変化するかについても比較検討しようとしたものです。

② 方法

・被験者　中学校一年生　　　　90名
　　　　　A高等学校一年生　　80名
　　　　　A高等学校二年生　　76名
　　　　　B高等学校二年生　　82名

・分析手続き　被験者に質問用紙を配り、五十四の設問に対し、各々五段階の尺度を用いて評定させた。
　5. はっきりそう思う

4. 大体そう思う

3. どちらとも言えない

2. そうだとは思わない

1. 決してそうだとは思わない

回答用紙の答をパンチカードに打ち込み、コンピュータで集計し、五段階の各々の段階について被験者が何パーセントの回答を示したかを測定し、さらにカイ二乗検定を行なうことにより、危険率五パーセント以下の項目のみを取り上げ検討を加えました。

③結果

・性差からの視点からみた英語学習意識

危険率が五パーセント以下の項目を取り上げ、特に男女の性差が明瞭に現れたものを検討してみると、〈表1〉、〈表2〉、〈表3〉のようになります。

〈表1〉英語がうまく話せたらいいと思う（単位％）

	5	4	3	2	1
中1男	62.5	29.2	8.3	0.0	0.0
中1女	83.3	16.7	0.0	0.0	0.0

◆ 表上段の数字は次の意味です。表2以下も同様。
　5. はっきりそう思う／4. 大体そう思う／3. どちらとも言えない
　2. そうだとは思わない／1. 決してそうだとは思わない

〈表2〉英語を美しく発音できたらいいと思う（単位％）

	5	4	3	2	1
中1男	41.7	27.1	22.9	8.3	0.0
中1女	71.4	19.0	9.6	0.0	0.0
高1男	36.7	36.7	20.4	4.2	2.0
高1女	71.0	19.4	6.5	3.1	0.0
高2男	36.2	34.0	23.4	4.3	2.1
高2女	75.9	17.2	6.9	0.0	0.0

〈表3〉常識として知っておくために英語を学んでいる（単位％）

	5	4	3	2	1
高1男	20.4	38.8	24.5	12.2	4.1
高1女	25.8	64.5	0.0	3.2	6.5

〈表1〉、〈表2〉を検討すると、**女子が英語の音声面に対して極めて高い関心の度合を示している**ことがわかります。特に〈表2〉の5の欄を見ると男子の回答率が中一、高一、高二の順で行くと、41.7パーセント、36.7パーセント、36.2パーセント、となりますが、女子の場合には71.4パーセント、71.0パーセント、75.9パーセントと各々約二倍の回答率を示し、すべての学年を通して、男子を完全に凌いでいることがわかります。〈表1〉の5と4の欄の合計をみても、女子が男子の回答率

を凌いでいることは一目瞭然です。

　つまり**女子は英語を美しく発音し、流暢(りゅうちょう)に英語を話したいという希望が男子に比べて極端に強い**ことが察せられます。

　また、英語学習の目的としては、男女ともに「受験のため」と答えた者が最も多くを占めましたが、女子の場合、男子に比べると、「常識として知っておくために英語を学んでいる」と答えた者が多い（90.3パーセント）のに対して、男子は59.2パーセントと極めて低い回答率でした。しかし、自由回答欄を検討したところ、「国際社会で活躍するために英語を学んでいる」と答えた者の84パーセントが男子で、女子16パーセントをはるかに凌いでいます。

　以上より、**性差によって目的意識が異なること**がわかりました。しかし、「海外旅行をするために英語を学んでいる」と答えた者も多数でしたが、その数は男女が同数であり、性差には関係ないことを示していました。

・年齢差の視点からみた英語学習意識
　　危険率が5パーセント以下の項目を取り上げ、

特に年齢的差異によって意識に変化がみられるものを検討すると〈表4〉〜〈表14〉のようになります。

〈表4〉入試のために英語を勉強している（単位%）

	5	4	3	2	1
中1	22.2	35.6	32.2	7.8	2.2
高2	51.3	36.8	6.6	2.6	2.7

〈表5〉英語を用いる職業につきたいから英語を学んでいる（単位%）

	5	4	3	2	1
中1	5.6	4.4	35.6	32.2	22.2
高2	13.2	9.2	32.9	19.7	25.0

〈表6〉日本を外国人に知ってもらうために英語を学んでいる（単位%）

	5	4	3	2	1
中1	2.2	11.1	34.4	45.6	6.7
高2	10.0	20.0	37.5	25.0	7.5

〈表7〉授業として与えられているから（単位%）

	5	4	3	2	1
中1	11.5	25.3	36.8	16.1	10.3
高2	34.2	25.0	17.1	18.4	5.3

〈表8〉字幕を見ずにアメリカ・イギリス映画を楽しみたい
（単位%）

	5	4	3	2	1
中1	45.6	21.1	17.8	12.2	3.3
高2	63.2	23.7	9.2	3.9	0.0

〈表9〉英文のままで小説や新聞が読めたらいいと思う
（単位%）

	5	4	3	2	1
中1	50.0	26.7	14.4	7.8	1.1
高2	64.5	23.7	10.5	1.3	0.0

〈表10〉先生の態度に親しみを感じた時、やる気になる
（単位%）

	5	4	3	2	1
中1	25.8	37.1	30.3	5.6	1.2
高1	30.0	40.0	16.3	10.0	3.7
高2	40.8	46.1	7.9	3.9	1.3

〈表11〉授業中に先生から誉められた時、やる気になる
（単位%）

	5	4	3	2	1
中1	21.2	37.8	26.7	13.3	1.0
高2	13.8	30.0	28.8	17.4	10.0

〈表12〉先生から期待されていると感じた時、やる気になる
（単位％）

	5	4	3	2	1
中1	20.0	22.2	40.0	15.6	2.2
高2	23.7	32.9	17.1	17.1	9.2

〈表13〉成績のことで両親に誉められた時、やる気になる
（単位％）

	5	4	3	2	1
中1	20.0	27.8	25.6	16.6	10.0
高2	5.3	20.0	29.3	22.7	22.7

〈表14〉成績のことで両親に叱られた時、やる気になる
（単位％）

	5	4	3	2	1
中1	10.0	18.9	21.1	21.1	28.9
高2	3.9	9.2	19.7	28.9	38.3

　年齢的差異により英語学習に対する意識がどのように変化するかを明瞭に示すため、特に年齢差の大きい中学一年生と高校二年生の場合を中心に比較検討してみると、まず高校二年生ともなると、自分の将来や人生について深く考えるようになるので、英語学習の目的も「入試のため」が最も多く88.1パーセントを占め、中学一年生の57.8パー

セントよりもはるかに多く、さらに興味深いことですが、自由記述欄を見ると、高校生の多くの者は中学生に比べて、入試のための英語よりも、実際に使える実用英語、特に speaking に多大な関心を寄せていることがわかりました。中学生の場合には英語の学習そのものに対して強い興味を抱いているようです。

　さらに高校生の場合、精神的な発達に伴って視野が広くなり、その結果、国際的視野を持つようになり、「外国人に日本を知ってもらうために英語を勉強している」と答えた者は 30 パーセントであり、中学生の 13.3 パーセントをはるかに凌いでいます。

　しかし最も残念なことは、〈表 7〉です。つまり、授業として英語が与えられているので、**受身的に、一種の諦めムードの中で仕方なく勉強している者の割合が、年齢が高くなるにつれて多くなり、5 の「はっきりとそう思う」と答えた者が中学一年生 11.5 パーセントに対して高校二年生は 34.2 パーセントと約三倍にも跳ね上がっていることは極めて深刻な問題だと思います。**

　学習意欲についての質問に対しては、「先生の

態度に親しみを感じた時、やる気になる」と答えた者が、中一・高一・高二と学年を追うにつれて62.9パーセント、70パーセント、86.9パーセントと高くなり、一種の比例関係がみられました。一般的な考えでは、年齢が低い方が教師の人柄の及ぼす影響が大きいとされていますが、英語学習に関して言えば、まったく逆のことが言えるのでしょうか。

　ともかく、高校二年生の86.9パーセントの者が教師の行動特性によって学習意欲が左右されるとするならば、これは極めて重大な問題であり、今後特に高等学校における英語学習の意欲と教師の行動特性との関係について、さらに研究が進められるべきだと思います。

　〈表8〉〈表9〉を見れば明らかなように、学年が高くなるにつれ、英語に対する興味も高くなり、一種の憧憬・理想はいっそう強くなります。しかしそれとは裏腹に教材は学年を追うにつれて飛躍的に難解なものになり、生徒たちの多くの者が授業を消化することができなくなり、その結果、〈表7〉に見られるように多くの高校生は一種の諦めムードに浸るようになります。

しかし、英語に対して強い憧れを抱きながらも、教材の難しさに苦しんでいる彼らが、ある魅力的人柄を備えた英語教師と出会うことによって、自ら進んで英語を学ぼうとする気持ちになるのは当然のことであると思います。その傾向は学年を追うにつれて高くなります。

● 追想的(ついそう)方法による英語学習意識の調査

計84名の高校を卒業したばかりの者に対して、「**現在の状態からではなく、過去六年間を振り返って回答するように**」との条件をつけて、特に彼らの過去六年間において、学習意欲がどのように変化し、具体的にどのような要因と深く関わり合ってきたのかを、追想的な手法で探ってみました。

〈研究方法〉

・手続

　被験者に対して、以下のような項目に関する質問用紙を配り、記述式で答えさせました。

　次の質問に対して、あなたの現在の立場からではなく、あくまでも過去六年間の中学校・高等学校での英語学習を振り返って答えてください。

1. あなたは過去において英語学習をいつ頃好きになり、あるいはいつ頃嫌いになりましたか。また現在は好きですか嫌いですか。
2. その理由は何ですか。
3. あなたの人生にとって英語は必要ですか。
4. 入試に英語は必要だと思いますか。
5. 英会話・英文法・英作文・英文解釈の四分野に対し、どの分野に最も興味を示しましたか。
6. あなたは何のために英語を今日まで学んできたと思いますか。
7. 英語に対する学習意欲を特に何によって影響されましたか。
8. どのような時に英語の勉強をやる気になりましたか。
9. どのような時に英語の勉強がいやになりますか。
10. 過去六年間を振り返ってみて、教師の人柄によって最も学習意欲を左右された科目は何ですか。一位から三位まで挙げなさい。
11. 過去六年間を振り返ってみて、最も理想的であった英語の教師を一人選び、その人柄の特徴をできるだけたくさん挙げてください。

12. 過去六年間を振り返ってみて、最も理想的でなかった英語の教師を一人選び、その人柄の特徴をできるだけたくさん挙げてください。
13. あなたは、英語教師に対して、何を要求しますか。

[回答]

● 英語を好きになった時期、嫌いになった時期（単位%）

	中一	中二	中三	高一	高二	高三
好き	39	23	19	7	5	7
嫌い	8	5	8	34	26	19

中一の時には、英語に対する好奇心があるためか、英語学習を好きになる率が最も高くなるが、その率も学年を追うにつれて減少し、**特に高校一年生の時には英語を嫌いになる率が最も高くなるのがわかります。**

● **英語を好きになった理由について**

教師に対して親しみを感じたから28パーセント、英会話に興味があるから19パーセント、アメリカ・イギリスに対して興味があるから19パーセント、外国の映画や音楽に対して興味があるから11パーセント。

● 英語を嫌いになった理由について

　教師が嫌いだった40パーセント、学校で学んだ英語は受験英語だったので面白みに欠けた23パーセント、時間をかけて努力しても思うように成績が伸びなかったから20パーセント、覚えることが多すぎるから17パーセント。

　以上のことから、**英語の好き嫌いの原因と教師に対する生徒の態度との間には因果関係があることがわかります。**

3. あなたの人生にとって英語は必要ですか？（単位%）

	必要	不必要	どちらでもない
男子	82	13	5
女子	89	11	0

4. 入試に英語は必要だと思いますか？（単位%）

	必要	不必要	どちらでもない
男子	41	50	9
女子	44	50	6

　自分の人生にとって英語が必要だと思っている者は、全体の85.5パーセントを占めています。それに対して意外だったのは、入試にも英語が必要だと答えた者が42.5パーセントを占めていて、不必要と答えた者は50パーセントに過ぎなかったことです。

● **英語学習の主要な四分野に対し、どの分野に興味を示しますか？**

一番・4点、二番・3点、三番・2点、四番・1点として計算したら次のようになりました。

一位　英会話（376点）

二位　英文解釈（278点）

三位　英作文（245点）

四位　英文法（165点）

英会話が最も人気が高く、英文法が最も不人気であることが明瞭です。

● **英語学習の目的は何か？**

入試のため　62パーセント

海外旅行のため　12パーセント

教養として　12パーセント

国際社会に対処するため　12パーセント

外人と友達になるため　6パーセント

「海外旅行のため」「教養として」「国際社会に対処するため」と答えた者は各々全体の12パーセントです。その内容を分析すると、「海外旅行のため」と答えた者の数は男女ほぼ同率でしたが**「教養として」と答えた者の数のうちの87パーセントが女性であり、それとは逆**

に「国際社会に対処するため」と答えた者の数のうち85パーセントが男性であり、性差によって目的意識に差がみられることがわかりました。

● 英語に対する学習意欲は何によって影響されるか？（単位％）

英語の好きな者、嫌いな者のグループに分類して、その差を調べました。

	教師	成績	自分自身	友人	その他
好きな者	38	35	13	10	4
嫌いな者	50	30	16	2.7	1.3

英語学習の好きな者に比べて、英語学習の嫌いな者は、教師によって学習意欲が左右される率が高く、英語学習の好きな者は、むしろ成績や友人から受ける影響がより強いことがわかります。

● 英語の勉強をやる気になる時（単位％）

	好きな者	嫌いな者
教師に親しみを感じた時	17	48
成績が伸びた時	34	15
学習内容に興味の持てた時	20	26
教師にほめられた時	14	4
英語の歌を聞いた時	7	7
友人に負けた時	7	0
その他	1	0

英語学習の嫌いな者はその48パーセントが「教師に親しみを感じた時」学習意欲が湧くと答えていますが、英語学習の好きな者は、成績が伸びた時に最も学習意欲が湧く率が高くなることがわかります。

●英語の勉強がいやになる時（単位%）

	好きな者	嫌いな者
勉強しても成績が伸びない時	55	40
学習内容が理解できない時	15	20
教師に失望する時	13	21
疲れている時	11	14
その他	6	5

　学習意欲がなくなるのは、成績が伸びないことや学習内容が難しすぎて理解できない点にあります。60～70パーセントの者がその場合意欲が低下することがわかります。

●過去6年間を振り返ってみて教師の人柄によって学習意欲の左右された科目

　一位・3点、二位・2点、三位・1点として計算しました。成績上位群と下位群に分けました。

	英語	数学	理科	社会	国語
成績上位	64	52	48	40	28
成績下位	69	60	26	40	27
合計	133	112	74	80	55

　教師の人柄が学習意欲に与える影響度が、教科により異なることがわかります。英語はその度合が最も強いという結果になりました。

●過去6年間を振り返ってみて最も理想的な教師像のもつ具体的な特性として次のような要素が挙げられました。

親しみやすい。

わかるまで教えてくれる。

広い見識がある。

公平。

信念がある。

英語の発音がよい。

はっきりしている。

●過去6年間を振り返ってみて最も理想的でなかった教師像のもつ具体的な特性として次のようなものが挙げられました。

発音の下手な人。

英語力のない人。

自己満足している人。

熱意のない人。

話下手の人。

自信のない人。

教え方の下手な人。

13. 英語教師に対して、何を要求するか？（単位％）

	好きグループ	嫌いグループ
人柄のよさ	42	58
英語力	34	22
発音	19	11
教養の深さ	2.5	4
人生経験	0	5
留学経験	2.5	0
その他	0	0

　英語教師に対して、英語学習の好きなグループは英語力や発音といった、いわゆる教科担当的機能を要求し、嫌いなグループは人柄のよさ、人生経験、教養の深さなどといった、いわゆる人間担当機能を要求する傾向がみられます。

●英語学習の動機づけと原因帰属

　教室での英語学習における成功や失敗の原因には、多くの要因が関与しています。ある者は、自分の成功や失敗の原因を自分の努力や能力の結果だと認知し、ある者は運のよし悪しを用いて説明します。

　自分の学習方法のために成功したり失敗したりする、と認識する場合には自分の学習の仕方を制御（統制）させることにより、のちの学習の成功や失敗の予測が立ち、事象に対する取り組みも意欲的になれます。

　それに対し、他人の力などの環境条件により制御された、というように受け身にこれを認識する場合には、のちの行動制御（統制）は他人の掌中にあるために、結果の予測が立たず、動機づけも起こしにくくなります。

　したがって、その原因に対し、自分自身がどのように関与したかという認識は、のちの動機づけに大きな影響を及ぼすと考えられます。

　人間の行動を起こす動機づけの理論にはふたつの立場があります。この立場の違いは、制御（あるいは統制、control）に対する解釈の相違であると言えます。

　ひとつは人間の行動は、刺激と反応とが反射的に結びつくという原理をあてはめて考える立場です。つまり、過去にその人間の経験した強化（賞罰）の性質や、今当面して

いる環境刺激を知ることにより、人間の行動はすべて説明できる、と考える立場です。言い換えれば、**外的な制御（統制）によって人間の行動は動機づけられる、という考えです。**

ワトソン（Watson, J.B.）やスキナー（Skinner, B.F.）はこの立場に属します。この場合の制御は、動因低減説に基づく強化が中心に考えられます。

これに対しもうひとつの立場は、人間は刺激に対し機械的に反応するのではなく、その状況を判断し自己強化を行なうことによって制御（統制）がなされる、と考える「認知論的」な立場の人たちです。内発的動機づけ（intrinsic motivation）や帰属論理（attribution theory）を支持する人たちはこれに属します。

ウェイナー（Weiner, B.）によれば、原因帰属（attribution）理論の基本的な仮定というのは、**理解を求めること、とりわけ行為の原因・理由を求めることが、人間の基本的な動機だということであります。**

教室での学習経験に関して言えば、特に学習の達成の成功と失敗の原因・理由を生徒がどのように捉えるか（原因帰属するか）が重要です。

そのような原因・理由にはさまざまなものがありますが、いくつかの次元によってまとめることができます。第一の

次元は因果性の位置であり、原因が自分の中にあるのか、外にあるのかです。第二が固定性であり、変化するか、しないかです。第三は、統制可能性で、コントロール可能かどうかであります。

① **失敗の原因の固定性**

失敗の原因の固定性は、その後の行動の目標が達成できるかどうかの期待と関連するように思われます。たとえば、失敗を能力が低いとか、課題が難しいとかに帰すると、それらは変わりにくいものだから、病気だったとか、興味不足とか、その直前に頑張らなかったからと考えるのと比べて、将来成功するだろうという期待を下げてしまいます。

特に重要なのは、能力に関する自己概念との関連です。**自分は能力が高いと考えている生徒は、失敗を流動的な要因に帰するので、成功の期待は下がらず自己概念は変わりません。**

成功した場合は、その後の成功の期待を増し、高い自己概念を維持し高めます。

低い能力の自己概念を持つ生徒にはその逆が言えて、成功は流動的要因に、失敗は固定的要因に帰するので、低い自己概念はいっこうに改善されません。

逆に言えば、そのような生徒を改善して行くには、行為の帰属の仕方を変えて成功を固定的要因に、失敗を流動的要因に帰属させてやることが必要だということになります。

② **因果性の位置**

成功や失敗が他者によるものだと、感謝とか恨みの念が生ずるし、運によるものだと驚きが生じます。そして、特に、自己に帰する場合に、誇りとか、恥とかいう自己尊重感(self-esteem)に関連する感情が生じます。さらに、内的で固定した帰属を失敗したときに行なうと、無気力が生じます。

③ **統制可能性**

コントロール可能であるということは、成功、失敗についての責任と結びつきます。コントロールできないことで失敗しても責任はありません。

だから例えば、不慮の事故が原因で、英語の単位を落としたような場合には、将来成功するだろうという期待を持つことができます。

ウェイナーによれば、成功や失敗に対する原因帰属を、能力と努力のいずれに帰属させるかによって、そ

の後の行動に対する動機づけが異なってきます。

　例えば、ある課題の内容が理解できなかったときに、自分は頭が悪いからだと原因を認知した者は、同じような課題に対して再び取り組みにくくなります。なぜなら、**能力は、昨日と今日とで、そう大きく変動するものではない固定的要因だからです。**

　一方、上記の課題の内容が同じように理解できなかった者でも、うまくいかなかったのは努力不足だと原因認知をする者は、次回の成功の可能性が期待できます。なぜなら、**努力は流動的要因であり、昨日とは違って今日は努力の仕方を変えてみることが可能だからです。**

　自己概念と原因帰属に関しては、自己を有能であると認知する自己概念を持つ生徒は、成功については、当然自己の能力に帰属させますが、失敗に対しては、能力要因に帰属させたのでは、有能さという自己概念を維持することができないために、それ以外の要因に帰属させることになります。自己を無能であると認知する自己概念を持つ者は、成功の帰属は能力以外の要因に、失敗は自己の無能さという能力要因に帰属させることになるのです。

column 孤独感やイジメの問題から抜け出す方法

「どうすれば他の人に喜びを与えることが出来るかよく考えてみることです。・・・・・自分が人の役にたち、自分に価値があると感じられるようになるでしょう」（アドラー）

孤独感とは、自分に不安を感じ、自分の居場所がなく、周囲の者からの信頼感や仲間意識を得られない時に生じる感情です。孤独感やイジメの問題から抜け出したい時には、自分の所属するグループや社会に貢献することを考えましょう。

自分の存在が、周りの人々の役に立っているということは、周りの人達と仲間意識、共通課題を持って一体になることです。この状態になれば、もはや孤独感やイジメの問題もなくなると思います。

「ありがとう」「助かるよ」と感謝の言葉が出ると、これは、アドラーのいう「勇気づけ」になり、共同体感覚が生まれます。

孤独感が我慢できない時には、居場所づくりから始めましょう。仕事の協力を通して他者と交われば、共通目的を共有することによって、孤独感から解放されることになるのです。

また、他の人が嫌がることや他の人の気持ちを傷つけるような言動は、絶対にしてはいけません。人には誰にでも、触れられたくない心の傷があるものです。他の人から見れば、何でもないようなことでも、本人にとっては古傷に触れられるような心の闇の様な部分があります。他の人の心の痛みや繊細な感情の機微を優しく包んであげるような気配りも大切なことだと思います。

巻末付録

巻末付録（1）

小学～中学1年までに学ぶ「英語の基礎知識」

◆ 不規則動詞の活用

動詞の過去形・過去分詞の作り方には、次の2種類があります。

- 規則動詞は、原形の最後に -(e)d を加えます。（例：walked, loved）
- 不規則動詞は、それぞれ違う形を使います。主なものは次のとおりです。

意味	原形	過去形	過去分詞
～になる	become	became	become
始まる	begin	began	begun
こわす	break	broke	broken
持って来る	bring	brought	brought
買う	buy	bought	bought
捕らえる	catch	caught	caught
来る	come	came	come
切る	cut	cut	cut
する	do	did	done

飲む	drink	drank	drunk
運転する	drive	drove	driven
食べる	eat	ate	eaten
見つける	find	found	found
忘れる	forget	forgot	forgot(ten)
手に入れる	get	got	got
行く	go	went	gone
持っている	have	had	had
聞こえる	hear	heard	heard
保つ	keep	kept	kept
知っている	know	knew	known
出発する	leave	left	left
貸す	lend	lent	lent
失う	lose	lost	lost
作る	make	made	made
会う	meet	met	met
支払う	pay	paid	paid
読む	read	read	read
走る	run	ran	run
言う	say	said	said

見える	see	saw	seen
売る	sell	sold	sold
送る	send	sent	sent
歌う	sing	sang	sung
すわる	sit	sat	sat
眠る	sleep	slept	slept
話す	speak	spoke	spoken
過ごす	spend	spent	spent
立つ	stand	stood	stood
盗む	steal	stole	stolen
泳ぐ	swim	swam	swum
持って行く	take	took	taken
教える	teach	taught	taught
伝える	tell	told	told
思う	think	thought	thought
理解する	understand	understood	understood
勝つ	win	won	won
書く	write	wrote	written

◆ 形容詞の使い方

形容詞は、big（大きい）、rich（金持ちの）など、人やものの状態・性質を表します。形容詞の主な使い方は次の2つです。

(1) be動詞の後ろに置く
- His house is big.（彼の家は大きい）

(2) 名詞の前に置く
- He lives in a big house.（彼は大きな家に住んでいる）

◆ 日付の書き方

日記ではたいてい，月の名前を次のように書きます。

Jan.	1月 (January)	July	7月
Feb.	2月 (February)	Aug.	8月 (August)
Mar.	3月 (March)	Sep.	9月 (September)
Apr.	4月 (April)	Oct.	10月 (October)
May	5月	Nov.	11月 (November)
June	6月	Dec.	12月 (December)

「〇月△日」は，「〇月の△番目（の日）」という形で表します。「～番目」を表す数字は、1から順に first, second, third, fourth, … となります。4以降は元の

数字に th をつけるのが原則です。

1月1日 = Jan. 1(st)　　2月2日 = Feb. 2(nd)
3月4日 = Mar. 3(rd)　　4月4日 = Apr. 4(th)
5月20日 = May. 20(th)　9月21日 = Sep. 21(st)

また、曜日も次のような略語で表すことができます。

Mon.	月曜日 (Monday)	Fri.	金曜日 (Friday)
Tue(s).	火曜日 (Tuesday)	Sat.	土曜日 (Saturday)
Wed.	水曜日 (Wednesday)	Sun.	日曜日 (Sunday)
Thu(rs).	木曜日 (Thursday)		

なお、暦に関する次のような語句も覚えておくとよいでしょう。

☐ birthday（誕生日）
☐ wedding anniversary（結婚記念日）
☐ payday（給料日）
☐ deadline（締切日）
☐ due date（予定日）
　＊締切日、納期、満期日、出産予定日など幅広い意味で使います。
☐ closing date（申し込みの締切日、決算日）

- ☐ three-day weekend（3連休の週末）
    * 「ゴールデンウィーク」は和製英語。
- ☐ substitute holiday（振り替え休日）
- ☐ leap year（うるう年）
- ☐ midyear gift（お中元）
- ☐ end-of-year gift（お歳暮）

巻末付録（2）

「中学３年間で学ぶ英単熟語・会話表現一覧」

【英単語】

[A]

add	動詞	加える，（…を）増やす（to…）
addition	名詞	追加、たし算
advice	名詞	忠告
advise	動詞	忠告する
afterward	副詞	のちに，その後で
against	前置詞	…に（反）対して，…によりかかって
age	名詞	名＊年齢，時代
agree	動詞	（人と意見が）一致する（with…），（…に）同意する（to…）
allow	動詞	許可する
announce	動詞	発表する，告げる
anybody	代名詞	（肯定文で）だれでも，（疑問文で）だれか
anyone	代名詞	（肯定文で）だれでも，（疑問文で）だれか
appear	動詞	現れる，…のように思われる
appreciate	動詞	理解する、ありがたく思う
appreciation	名詞	評価
art	名詞	芸術，美術，技術
asleep	形容詞	眠って
Atlantic	形容詞	大西洋の
Atlantic	名詞	（the ～）大西洋
attend	動詞	…に出席する，（学校に）通う
automobile	名詞	《米》自動車
awake	動詞	目が覚める，目を覚ます

[B]

belong	動詞	(…に) 属する (to...)
below	前置詞	…より下 (に), …より劣って　副＊下に
bit	名詞	少量, 小片 (a bit で) 少し (＝ a little)
bit	動詞	bite の過去・過去分詞
bite	動詞	かむ, (虫が) 刺す
blind	形容詞	盲目の
blind	名詞	日よけ
bloom	動詞	花が咲く
bloom	名詞	花, 開花, 真っ盛り
board	名詞	板, 船内
board	動詞	乗船する, 乗り込む
boil	動詞	ゆでる, 煮る, 煮える
boil	名詞	沸騰, 煮沸
bone	名詞	骨
borrow	動詞	借りる
bottom	名詞	底, ふもと
bow	動詞	おじぎをする
bow	名詞	おじぎ, 弓
brave	形容詞	勇敢な
breast	名詞	胸, 心
burn	動詞	燃える, 燃やす
butterfly	名詞	ちょうちょう

[C]

cabin	名詞	小屋, 船室
capital	名詞	首都, 頭文字
care	名詞	注意, 心配, 世話
care	動詞	(否定文・疑問文で) 気にする, 心配する

careless	形容詞	不注意な
carry	動詞	運ぶ，持ち歩く
cause	動詞	引き起こす
cause	名詞	原因
ceiling	名詞	天井
celebrate	動詞	祝う，(儀式) 行う
central	形容詞	中心の
century	名詞	世紀
certainly	副詞	確かに，承知しました
cheer	動詞	元気づける、応援する
cheerful	形容詞	快活な，楽しい
chief	名詞	主な
chief	名詞	(組織・団体などの) 長
chimney	名詞	煙突
Chinese	名詞	中国人，中国語
Chinese	形容詞	中国の，中国人の，中国語の
choose	動詞	選ぶ
citizen	名詞	市民
clear	形容詞	明るい，明快な，晴れた
clear	動詞	晴れる (up)
clerk	名詞	事務員，書記,《米》店員
clever	形容詞	利口な
climb	動詞	よじ登る (up)
climb	名詞	よじ登ること
cloth	名詞	布地，織物
clothes	名詞	着物，衣服
comfortable	形容詞	心地よい，安楽な
company	名詞	会社，交際，仲間
continue	動詞	続ける

correct	形容詞	正しい
correct	動詞	正す
cotton	名詞	綿，木綿
count	動詞	数える
count	名詞	計算
courage	名詞	勇気
cousin	名詞	いとこ
custom	名詞	（社会）習慣，（複数形で）関税

[D]

daily	形容詞	日々の，毎日の
dangerous	形容詞	危険な
dead	形容詞	死んだ
deal	動詞	（…を）取り扱う（with…），（…と）取引する（with〔in〕…）
deal	名詞	量，たくさん
death	名詞	死
decorate	動詞	飾る、飾り付ける
decoration	名詞	飾り、装飾
democracy	名詞	民主主義
department	名詞	部門，学部
destroy	動詞	〜を破壊する
diligent	形容詞	勤勉な
direct	動詞	〜を向ける、指図する
direction	名詞	指示、方向
disappear	動詞	姿を消す
discover	動詞	発見する
discovery	名詞	発見
discussion	名詞	議論，討論

distance	名詞	距離, 遠方
distant	形容詞	とおい, 離れた
dozen	名詞	ダース (doz. と略す)
draw	動詞	引く, (線で) 描く
drown	動詞	おぼれる
duty	名詞	義務, (複数形で) 任務

[E]

eastern	形容詞	東の, (E—) 東洋の
either	形容詞	(2者のうち) どちらの…でも
either	代名詞	(2表の) いずれか, いずれも
either	接続詞	(あとに or をともなって) …かあるいは〜
either	副詞	(否定語とともに) …もまた〜ない
elder	形容詞	(old の比較級) 年上の
elder	名詞	(複数形で) 先輩
elect	動詞	運ぶ, 選挙する
electric	形容詞	電気の
elephant	名詞	像
else	副詞	それ以外に, ほかに
enough	形容詞	十分な, …するに足る
enough	副詞	十分に, 全く
enter	動詞	…に入る, 加入する
entrance	名詞	入り口, 入ること
escape	動詞	逃げる
especially	副詞	特に
event	名詞	出来事, 事件
everywhere	副詞	どこでも, いたる所に
examination	名詞	試験, 検査
example	名詞	例, 模擬

except	副詞	…を除いて
excuse	動詞	許す，弁解する
excuse	名詞	言い訳，口実
exist	動詞	存在する
expect	動詞	期待する，予期する

[F]

fact	名詞	事実
fail	動詞	(…に) 失敗する (in…)
fair	形容詞	公正な，快晴の
fair	副詞	公正に，きれいに
farther	形容詞	《far の比較級》さらに遠い
farther	副詞	さらに遠くに
farthest	形容詞	《far の最上級》最も遠い
farthest	副詞	最も遠くに
fear	動詞	恐れる
fear	名詞	恐れ，不安
feather	名詞	羽，羽毛
feed	動詞	食物を与える
feed	名詞	餌
fight	動詞	(…と) 戦う (against〔with〕…)
fight	名詞	戦い
fireplace	名詞	暖炉
flag	名詞	旗
flour	名詞	粉，小麦粉
flow	動詞	流れる，あふれる
flow	名詞	流れ
follow	動詞	…のあとに続く，…に従う，たどる
foolish	形容詞	ばかな，愚かな

foreign	形容詞	外国の
forest	名詞	森
friendly	形容詞	親しい，好意的な
frighten	動詞	びっくりさせる，ぎょっとさせる

[G]

gather	動詞	集まる，集める
gathering	名詞	集合
generally	副詞	一般に
gentle	形容詞	温和な，上品な
golden	形容詞	金色の，黄金の
government	名詞	政府，政治
grant	動詞	認める
grant	名詞	助成金，交付金
Greece	名詞	ギリシャ
guess	動詞	推測する，(…を) 言い当てる (at...)
guess	名詞	推量

[H]

habit	名詞	(主として個人の) 習慣
hang	動詞	掛ける，ぶら下げる
happen	動詞	(たまたま) 起こる，(たまたま) …する
harbo(u)r	名詞	港
hardly	副詞	ほとんど…ない
harvest	名詞	収穫，成果
harvest	動詞	収穫する，成果を収める
healthy	形容詞	健康な，健全な
heat	名詞	熱，暑さ
heat	動詞	熱くなる

heaven	名詞	天，天国
heavy	形容詞	重い，激しい
hide	動詞	隠す，隠れる
history	名詞	歴史
hold	動詞	持つ，握る，保つ，所有する，開催する
honest	形容詞	正直な
hospital	名詞	病院
however	接続詞	しかしながら
however	副詞	いかに…しても，いかに…であっても
hurry	動詞	急ぐ，急がす
hurry	名詞	大急ぎ
hurt	動詞	傷つける，痛む
hurt	名詞	傷害，苦痛

[I]

idle	形容詞	怠惰な，ひまな
image	名詞	想像、イメージ
imagine	動詞	想像する
important	形容詞	重要な，大切な
injure	動詞	傷つける
insect	名詞	昆虫
instead	副詞	〜の代わりに
introduce	動詞	紹介する，導き入れる
invent	動詞	発明する
invention	名詞	発明
island	名詞	島

[J]

job	名詞	仕事

join	副詞	参加する
journey	名詞	(比較的長い) 旅
judge	名詞	判断, 裁判官, 審判
judge	動詞	裁判する, 判断する

[K]

kindness	名詞	親切
knee	名詞	ひざ

[L]

language	名詞	言語, 国語
lately	副詞	最近
later	形容詞	《late の比較級》もっと遅い
later	副詞	あとで, より遅く
law	名詞	法律, 規則, 法則
lay	動詞	横たえる, 置く, (卵) を産む：lie の過去形
lazy	形容詞	怠惰な
lead	動詞	導く, 先頭に立つ, 指揮する, (道が) …へ通じる
lead	名詞	指導, 先頭, 優勢
leaf	名詞	葉
least	形容詞	《little の最上級》最少の
least	副詞	最も少なく
least	名詞	最少
lend	動詞	貸す
less	形容詞	《little の比較級》より小さい, より少ない
less	副詞	より小さく, より少なく
lie	動詞	横たわる, 存在する, うそをつく
lie	名詞	うそ
lift	動詞	上げる, 上がる

lift	名詞	《英》昇降機
lose	動詞	失う，(時計が)遅れる，敗北する，(道に)迷う
loud	形容詞	大声の，騒がしい
lovely	形容詞	美しい，かわいらしい，すてきな

[M]

mad	形容詞	狂気の
mail	名詞	《郵便》
mail	動詞	《米》郵送する
mathematics	名詞	(単数扱い) 数学
matter	名詞	事柄，問題，物質
matter	動詞	重要である
maybe	副詞	たぶん
meaning	名詞	意味
memory	名詞	記憶，記念，思い出
mend	動詞	修理する，改善する
mend	名詞	修理，改善
merrily	副詞	愉快に
moment	名詞	瞬間，ちょっとの間

[N]

narrow	形容詞	狭い
nation	名詞	国家，国民
national	形容詞	国家の，国民の
natural	形容詞	自然の，天性の，当然の
nature	名詞	自然，天性，性質
nearly	副詞	ほとんど，おおよそ
needle	名詞	針，縫い針
neighbo(u)r	名詞	近隣の人

neither	接続詞	(nor をともなって) …でも〜でもない
neither	形容詞	どちらの…も〜ない
neither	代名詞	どちらも…ない
noble	形容詞	高貴な，貴族の
noble	名詞	(複数形で) 貴族
nobody	代名詞	(単数扱い) だれも・・・ない
nod	動詞	うなずく
nod	名詞	うなずき、居眠り
noisy	形容詞	騒がしい
notice	名詞	通告，掲示，注目
notice	動詞	…に気がつく，通告する

[O]

obey	動詞	従う，服従する
offer	動詞	提案する，提供する
offer	名詞	提案，提供
order	名詞	順序，命令，注文
order	動詞	命ずる，注文する，整理する
outdoor	形容詞	戸外の
outdoors	副詞	戸外へ，野外で

[P]

pain	名詞	痛み，(複数形で) 骨折り
palace	名詞	宮殿
pardon	名詞	許し
pardon	動詞	(人を) 許す
parrot	名詞	オウム
passenger	名詞	乗客
pear	名詞	洋梨

pence	名詞	ペンス
period	名詞	期間，時代，終止符
pick	動詞	拾い上げる (up)，選び出す (out)
pity	名詞	哀れみ，残念
pity	動詞	哀れむ
plate	名詞	(平らで丸い) 皿，(金属・ガラスの) 板，標識
pleasant	形容詞	気持ちのよい，楽しい
pleasure	名詞	楽しみ，愉快
pocket	名詞	ポケット
pocket	形容詞	ポケット用の，小型の
poem	名詞	(1編の) 詩
pole	名詞	棒，極
port	名詞	港
possible	形容詞	可能な，ありそうな
practice	名詞	練習，実行
practice	動詞	実行する，練習する
praise	動詞	賞賛する
praise	名詞	賞賛
prepare	動詞	準備する
president	名詞	(しばしば P—) 大統領，社長，学長
press	動詞	〜を押す
press	名詞	新聞、出版物
price	名詞	値段
principal	形容詞	主要な
principal	名詞	長，校長
prize	名詞	賞
produce	動詞	生産する
product	名詞	生産物
production	名詞	生産

promise	名詞	約束
promise	動詞	約束する
proud	形容詞	(…を) 誇って (of...), 高慢な
public	形容詞	公の, 公衆の
pull	動詞	引く
pull	名詞	引くこと
punish	動詞	罰する
punishment	名詞	処罰
purse	名詞	財布

[Q]

quickly	副詞	急いで, 速く
quietly	副詞	静かに, 穏やかに

[R]

railroad	名詞	《米》鉄道
raise	動詞	上げる, 育てる
rather	副詞	むしろ, いくぶん
realize	動詞	悟る、実現する
really	副詞	本当に
recently	副詞	最近
release	動詞	放つ, 発売する
reply	動詞	答える
reply	名詞	返事
respect	動詞	尊敬する
respect	名詞	尊敬
rub	動詞	こする
rush	動詞	突進する
rush	名詞	突進, 殺到

[S]

safe	形容詞	安全な
safe	名詞	金庫
safety	名詞	安全, 無事
sail	名詞	帆
sail	動詞	航海する
salt	名詞	塩
salt	形容詞	塩の, 塩気のある
sand	名詞	砂
satisfy	動詞	満足させる
save	動詞	救う, 蓄える, 節約する
scientist	名詞	科学者
seed	名詞	種
seed	動詞	種をまく
seem	動詞	～のように思われる
seldom	副詞	めったに…しない
senior	名詞	年長者, 先輩
senior	形容詞	年長の, 先輩の
serve	動詞	…に使える, …に役立つ, (食事などを) 出す
several	形容詞	いくつかの, 若干の
sew	動詞	縫う
shadow	名詞	影
shake	動詞	揺する, 揺れる, 震える
shape	名詞	形, 外観
shape	動詞	形づくる
sheet	名詞	シーツ, 1枚
shelf	名詞	棚
shoot	動詞	打つ
shore	名詞	岸

shout	動詞	叫ぶ	
shout	名詞	叫び	
sigh	動詞	ため息をつく	
sigh	名詞	ため息	
sight	名詞	口径〔the -s〕名所，視力，視界	
signal	名詞	信号，信号機	
signal	動詞	合図する	
simple	形容詞	簡単な，質素な	
sincerely	副詞	誠実に，心から	
sink	動詞	沈む，沈める	
slave	名詞	奴隷	
sleepy	形容詞	眠たい	
smell	動詞	香りがする，匂いをかぐ	
smell	名詞	香り，匂い	
social	形容詞	社会の，社交的な	
soldier	名詞	軍人，兵士	
somewhere	副詞	どこかで〔へ〕	
sound	名詞	音	
sound	動詞	音を出す，…のように聞こえる	
sound	形容詞	健全な，十分な	
sound	副詞	ぐっすりと	
southern	形容詞	南の，南部の	
spend	動詞	費やす，すごす	
spirit	名詞	精神，霊	
spread	動詞	広げる，広がる	
square	形容詞	正方形の，角ばった	
square	名詞	正方形，広場	
starve	動詞	飢える	
state	名詞	状態，国家，（米）州	

state	動詞	（公式に）陳述する
statue	名詞	彫刻，立像
steam	名詞	蒸気
stick	名詞	棒
storm	名詞	嵐
straight	形容詞	真っ直ぐな
straight	副詞	真っ直ぐに，ただちに
straight	名詞	直線
stranger	名詞	見知らぬ人
straw	名詞	麦わら
stream	名詞	小川，流れ
strike	動詞	打つ，ストライキをする
subject	名詞	主題，学科
suburb	名詞	〔複数形で〕郊外
succeed	動詞	成功する（in...）
success	名詞	成功
suffer	動詞	被る，（病気・災害などで）苦しむ（from）
sunshine	名詞	日光
suppose	動詞	思う，仮定する
surely	副詞	確かに，きっと
survive	動詞	生き残る
swan	名詞	白鳥
sweep	動詞	掃除する，一掃する（off）
sweep	名詞	掃除，一掃
sweet	形容詞	甘い，おいしい
sweet	名詞	〔複数形で〕菓子

[T]

tail	名詞	尾，後部

taste	名詞	味, 趣味
tear	名詞	涙
telegram	名詞	電報
terrible	形容詞	恐ろしい, ひどい
thick	形容詞	厚い, 濃い
thin	形容詞	薄い, 細い
throw	動詞	投げる
throw	名詞	投げること
tie	名詞	ネクタイ, 結び
tie	動詞	結ぶ
tiny	形容詞	ちっぽけな
tool	名詞	道具
topic	名詞	話題
tower	名詞	塔
trade	名詞	商業, 貿易
traffic	名詞	交通
tremble	動詞	震える
tremble	名詞	震え
trip	名詞	小旅行, 遠足
trouble	名詞	苦労, 心配, 悩みの種, 迷惑, 骨折り
trouble	動詞	…に手数をかける, 困らせる
true	形容詞	本当の, 真実の, 誠実な
true	副詞	真に, 正しく
truly	副詞	本当に, 真に
trunk	名詞	(木の) 幹, (鉱物の) 銅, トランク
trust	動詞	信頼する
trust	名詞	信頼
truth	名詞	事実, 真実, 心理
turkey	名詞	七面鳥, 〔T—〕トルコ

turn	動詞	回す，回る，向きを変える，変わる
turn	名詞	回転，方向転換，順番
twist	動詞	ねじる

[U]

ugly	形容詞	醜い，ぶかっこうな
university	名詞	（総合）大学
until	前置詞	…まで（ずっと）
until	接続詞	…するまで
used	助詞	〔to 不定詞をともなって〕…したものだ
used	形容詞	（…に）慣れて（to…），《米》使いまわした

[V]

vegetable	名詞	野菜，植物
view	名詞	見ること，視界，景色，意見
village	名詞	村
visitor	名詞	訪問者
voyage	名詞	航海

[W]

war	名詞	戦争
waste	動詞	浪費する
waste	名詞	浪費，廃棄物
waste	形容詞	枯れ果てた，廃物の
wave	名詞	波
wave	動詞	揺れる，波立つ，振る
wear	動詞	身につける，すり減らす（out）
wear	名詞	衣服
weather	名詞	天気

western	形容詞	西の，〔W—〕西洋の，〔W—〕《米》西武地方の
wet	形容詞	濡れた，雨降りの
wet	動詞	濡らす
whale	名詞	鯨
wheat	名詞	小麦
whether	接続詞	…かどうか，…であろうと
whole	形容詞	全体の，完全な
whole	名詞	全体，全部，完全なもの
wild	形容詞	野生の，荒涼とした
win	動詞	勝つ，勝ち取る
wing	名詞	翼
wipe	動詞	ふく (off)
wire	名詞	針金，電線，電報
wise	形容詞	かしこい，賢明な
wish	動詞	願う，望む
wish	名詞	願望
within	前置詞	…の中に，以内に
without	前置詞	…なしに，…せずに
wolf	名詞	オオカミ
wonder	動詞	(…に) 驚く (at…)，…かしらと思う
wonder	名詞	驚異，不思議
wooden	形容詞	木の，木製の
wool	名詞	羊毛，毛糸
worm	名詞	虫，ミミズ，毛虫
worry	動詞	苦しませる，悩ます，心配させる
worry	名詞	心配，苦労
would	助詞	《will の過去形》〔丁寧な表現〕…したい，〔過去の不規則的習慣〕よく…したものだ
wound	名詞	傷

writer	名詞	著者，作家
wrong	形容詞	悪い，誤った
wrong	副詞	誤って

【英熟語】

[A]

A as well as B	B と同様に A も
a kind of	〜の一種（= a sort of）
according to	〜によれば，〜に従って
after a while	しばらくして
after all	結局
agree with [to]	〜に同意する
all at once	突然（= suddenly）
all the way	道中ずっと
all through the year	一年を通して
and so on	〜など（= etc.）
as far as	（ある場所）まで
as if	あたかも〜のように
as soon as	〜するとすぐに
as 〜 as one can	できるだけ〜
as 〜 as possible	できるだけ〜
ask A for B	A（人）に B を求める
at first	最初は
at last	とうとう，最後には
at least	少なくとも
at once	すぐに

[B]

be able to do	～することができる（＝ can）
be absent from	～を欠席する
be afraid of	～をこわがる，心配する
be based on	～に基づいている
be careful of	～に注意する，～を大事にする
be covered with	～で忙しい覆われている
be different from	～と違う
be famous for	～で有名である
be filled with	～でいっぱいになる
be fond of	～が好きだ（＝ like）
be good at	～が得意だ
be in trouble	困っている
be interested in	～に興味がある
be known to	～に知られている
be late for	～に遅れる
be pleased with	～が気に入る，～に満足する
be proud of	～を誇りに思う，～を自慢する
be ready to do	～する用意ができている，喜んで～する
be satisfied with	～に満足する
be sick in bed	病気で寝ている
be similar to	～に似ている、～と同様である
be sorry for	～を気の毒に思う，すまないと思う
be sure to do	きっと～する
be surprised at	～に驚く
be tired of	～に飽きている
be wrong with	～の調子が悪い
because of	～のために
begin with	～で始まる，～から始める

belong to	～に属する，～のものである
between A and B	AとBの間に
both A and B	AもBも両方とも
break out	（火事・戦争・伝染病などが）起こる
bring about	～を引き起こす
by the way	（話題を変えるときに）ところで，ついでに

[C]

can't help ～ing	～せざるを得ない
carry out	～を実行する，成し遂げる
catch up with	～に追いつく
come true	実現する
cut down	切り倒す

[D]

depend on	～をあてにする、～次第である
die out	絶滅する
do A a favor	A（人）の願いを聞く
do with	～を処置する

[E]

each other	お互いに
either A or B	AかBかどちらか
even if	たとえ～でも
exchange A for B	AとBを交換する

[F]

fall down	倒れる、落ちる
far away	遠くに

feel at home	くつろぐ
feel like ～ing	～したいような気がする
fill in	～に記入する
find out	～を発見する，～を考え出す
first of all	まず第一に
for a long time	長い間
for a while	しばらくの間
for example	例えば
for the first time	初めて

[G]

get along (with)	(～と) 仲良くやっていく，暮らす
get away (from)	(～から) 逃げる，立ち去る
get off	(乗り物から) 降りる
get on	(乗り物に) 乗る
get over	乗り越える，～に打ち勝つ
give up	～をやめる，～をあきらめる
go on doing	～し続ける
grow up	成長する

[H]

hear of	～のことを聞く，噂を聞く
help A with B	A (人) の B を手伝う
how to do	～の仕方
hurry up	急ぐ

[I]

in fact	実際は

in front of	〜の前に，正面に
in spite of	〜にもかかわらず
in the end	ついに、結局
instead of	〜の代わりに
introduce A to B	A を B に紹介する
invite A to B	A(人) を B に招待する

[L]

lie down	横たわる
little by little	少しずつ
look after	〜の世話をする
look for	〜を探す
look forward to	〜を楽しみに待つ
look like	〜のように見える
look over	〜に目を通す，(書類などを) 調べる (＝ examine)
lose one's way	道に迷う

[M]

make friends with	〜と親しくなる
name A after B	B にちなんで A に名前をつける

[N]

neither A nor B	A も B もどちらも
not 〜 at all	少しも〜ない
not 〜 any more	もう (これ以上は) 〜ない
not only A but (also) B	A だけでなく B も

[O]

of course	もちろん
on the other hand	他方では
one after another	次々に
one another	お互いに
one is A, the other is B	一方は A,他方は B

[P]

pass by	通り過ぎる,時間がたつ
pay for	〜の代金を払う
pick up	〜を拾い上げる,迎えに行く
plenty of	たくさんの〜
prefer A to B	A を B より好む
prepare for	〜の準備をする
put away	〜を片付ける
put on	(服・帽子・靴などを)身につける(= wear)

[R]

right away〔now〕	すぐに,ただちに

[S]

see 人 off	(人)を見送る
set up	〜を組み立てる
so 〜 that …	大変〜なので…だ
stand for	〜を表す
such A as B	B のような A
suffer from	〜に苦しむ

[T]

take care of	〜の世話をする，〜に気をつける
take part in	〜に参加する（= join）
thank A for B	A(人)にBについて感謝する
throw away	〜を捨てる
to one's surprise	驚いたことには
too … to do	あまりに…で〜できない
turn on	（電気・ガスなどを）付ける

[U]

used to do	よく〜したものだ（過去の習慣）

[W]

wait for	〜を待つ
watch out for	〜に注意する
work on	〜に取り組む
write down	〜に書き留める

【会話表現】

Are you ready to order?	ご注文はお決まりでしょうか
Can I take a message?	おことづけしましょうか？
Can you tell me where (when/why/who など) 〜?	どこで（いつ・なぜ・だれが）〜か教えてくれますか
Certainly.	もちろんですよ
Do you have the time?	何時ですか

Do you know when (where/why/who など)〜?	いつ（どこで・なぜ・だれが）〜か知っていますか
Do you mind if 〜?	〜してもかまいませんか
Don't mention it.	どういたしまして
Don't worry.	心配しないで
Go ahead.	お先に，どうぞ
Guess what?	ねえねえ，何だと思う？
Help yourself to 〜.	（食べ物など）をご自由にどうぞ
Here it is.	どうぞ
Here you are.	どうぞ
Hold on.	（電話で）少しお待ちください，待ってくれ，止まってくれ
How (what) about 〜?	〜はどう？
How about doing 〜?	〜するのはどう？
How about you?	あなたはどうですか
How do(did) you like 〜?	〜はどうです（どうでした）か
How is (was) 〜?	〜はどうなの（どうだった）？
How long does it take to do 〜?	〜するのにどのくらいかかりますか
How soon 〜?	あとどのくらいで〜ですか？
I beg your pardon?	もう一度おっしゃってください
I can't wait.	待ちきれないよ
I don't know how to do 〜.	〜のやり方がわからない
I hope so.	そうだといいのですが
I mean it.	本気だよ
I think so, too.	私もそう思います

I want to, but I can't.	そうしたいけれど，できません
I'd like to do ～ .	～したい
I'd love to.	ぜひそうしたいわ
If possible,	できれば
I'm afraid I can't.	残念だけど無理です
I'm afraid not.	無理のようだ
I'm full.	お腹いっぱいです
I'm glad you like it.	気に入ってくれてよかった
I'm just looking.	（店で）見ているだけです
I'm not sure.	よくわかりません
I'm sorry, I can't.	悪いけどだめ
It looks like rain.	雨が降り出しそうだね
It's my pleasure.	どういたしまして
It's my turn.	私の番です
It's time for ～ .	～の時間です
It's up to you.	あなたしだいよ，あなたに任せるわ
Just a moment (minute) .	ちょっとお待ちください
Let me see	ええと
Make yourself at home.	おくつろぎください
May (Can) I help you?	いらっしゃいませ
May I try ～ on?	～を試着してみていいですか
Never mind.	気にしないで
Nice to see you again.	また会えてよかった
No kidding.	まさか，冗談を言うな

No problem.	いいですよ，どういたしまして
No, not really.	いや，どれほどでもない
No, not yet.	いや，まだです
No, thanks (thank you).	いいえけっこうです
Of course not!	もちろんそうではないよ
Oh, I see.	はい，わかりました
Same to you.	君もね
Say hello to 〜.	〜によろしくね
See you later.	またね
So do (am) I.	私も同じです
So long.	さようなら
Something is wrong with 〜.	〜の調子がどこかおかしい
Sounds good.	よさそうだね
Sounds interesting.	おもしろそうね
Sure.	いいですよ
Take care of yourself.	お大事に
Thanks for doing 〜.	〜してくれてありがとう
That's too bad.	残念だね，お気の毒さま
That's very kind of you.	ご親切にどうも
There's something wrong with 〜?	〜の調子がどこかおかしい
Time is up.	時間ぎれです
Watch your step.	足もとに気をつけて
What do you think of 〜?	〜についてどう思いますか
What happened?	何があったの？

What's the matter with 〜?	〜はどうしたのですか
What's up?	どうしたの
Why don't we 〜?	（一緒に）〜しない？
Why don't you 〜?	〜したらどう？
Why not 〜?	〜したらどう？
Won't you 〜?	〜しませんか
Would you like to do 〜?	〜しませんか
Would you mind doing 〜?	〜していただけませんか
Yes, speaking.	はい，私ですけど
You can't miss it.	すぐ分かりますよ
You know what?	ねえ，聞いてよ
You're welcome.	どういたしまして

おわりに

　この本『アドラー流　子供の英語力を伸ばす』(南雲堂) は、小学時代から中学３年生の一学期まで、劣等生だった私が、二学期が始まる頃から急速に英語を中心に学力を伸ばし、高校入試の英語で満点を取るまでの経緯(けいい)を実際の体験に基づいて書いたものです。
　伸び悩んでいる「子供の英語力を伸ばす」にはどうすればよいのかを考える一つのヒントになれば幸いです。
　昨年秋、『アドラー流　英語で幸せになる勇気』(南雲堂) を出版しましたが、この本も私の実際の体験に基づいた実話によるものです。これら二冊の本は姉妹編とも言えるでしょう。

　一人の人間の持つ可能性は、計り知れません。この世に生を受けて、様々な社会的人間関係の中で一人の人間の個性、能力、性格が形成されて行くのです。その成長の過程において、様々な人に出会い、時には傷つき、時には励まし合い、時には競い合いながら人生を歩んで行くのです。
　親は自分の子供が、社会的、経済的に恵まれた人生を送れるように、出来るだけ安定した職業に就いてくれることを願いながら、自分たちの生活費の中から子供の教育費を

工面して、少しでも人並みに勉強のできる子供に育って欲しいと祈るような思いで子供の成長を見詰めています。

　また、心身ともに健康な子供に育つように、栄養に偏りのない、バランスのとれた食事を作って子供に食べさせたいと思いながら、毎日の食事を準備しているのではないでしょうか。

　私の場合、中学・高校の6年間は給食がなかったので、母は忙しいにもかかわらず、毎朝欠かさず弁当を作ってくれました。受験勉強に疲れた時、母の作ってくれた弁当が私の心の支えになりました。

**　私の友人の一人が大学受験に失敗して、精神的に追い詰められ、自殺しようとした時があったそうです。**

**　その失意のどん底で、最初に彼の頭に浮かんだのが、母親が毎日作ってくれた弁当のことだったそうです。**その弁当が脳裏に浮かび、彼は母親の強い愛情を身に染みて感じたと語ってくれました。

**　親はいつも子供のことを考えているということを痛感し、二度と自殺を考えることは無くなったと、**しみじみ語ってくれました。

　彼は苦境のどん底から這い上がり、一年浪人の末、志望校に合格したとのことでした。

このように、**母親の手作りの弁当が、心身ともに子供の成長に与える影響は計り知れないのです。**

　また、子供の運動能力を伸ばし、社会性や協調性を養うために、子供の父親がテニスや水泳、野球のキャッチボールなどを指南することもあります。
　私は、このことを父が生前書きとめていた手帳を読んで知りました。「今日は、直己にテニスの指導とキャッチボールの指導をする。協調性、社会性を養うのに必要だ。」と書かれていました。父は当時、栃木県庁に勤めていましたが休日には、水泳や野球や自転車の乗り方を丁寧に教えてくれました。

　母は私が６年間在籍していた栃木県の氏家町立氏家小学校の教員を務めていました。
　劣等生の私のために学校で肩身が狭く、とても辛く、悲しい思いをしたことと思います。それでも毎朝、早く起きて、栄養のある朝食を作ってくれました。
　母は毎日にように学校の仕事から帰ると、休む間もなく、その日の朝食の食器を洗い、そのまま夕食の支度をしていました。
　私は勉強では劣等生でしたが、母が作ってくれた食事と

学校の給食は決して残すことはありませんでした。これは、母に対する私のささやかな感謝と思いやりの気持ちの表現でした。

　私は勉強が苦手で、いつも母を悩ませていたので、母が作ってくれたものを好き嫌いなく、何でも残さずに食べることでしか、親孝行することが出来なかったのです。お蔭で、今でも食事の好き嫌いが全くありません。病気で学校を休むことも一日もありませんでした。

　劣等生でしたが、食事を好き嫌いなく食べることに関しては、模範的な優等生でした。しかし、この食生活の習慣が、後々の学習習慣にも多大な影響を与えることになりました。

　友人達の影響もあり、中学三年生の秋から急速に全科目の成績が伸び始め、不得意な科目がなくなりました。高校入試で英語は満点を取り、不得意な科目のない状態が高校入学後も続きました。

　中学時代の英語の成績に多大な影響を与えるのが友人関係だと思います。

　中学三年生の夏休みを境にして、偶然にも、私は自分より優秀だった３人の友人達（菊池、蓮実、福田）と過ごす時間が増えて行きました。

こんな些細な出来事が、短期間で英語を中心に、学力全般を向上させる転機になりました。これほどまでに中学時代の友人関係が人生を左右するとは夢にも思いませんでした。

　知能の発達が最も盛んな、人生で最も多感な時期の友人関係と学習環境が個人の能力を開花させるための重要な要因の一つだと思います。

　また、家族の人間関係や食習慣も重要な要因の一つです。私の家庭は共稼ぎの家庭でした。母は、**小学校の教員をしていたにも拘らず、栄養のバランスのとれた食事を毎日作ってくれました。母に対する感謝の気持ちを今でも忘れたことはありません。**

　全ての食事を好き嫌いなく、食べることと、全ての科目を万遍なく好きになることには、何か共通するものがあると思います。

　私が現役で国立大学に合格できたのも、苦手な科目がなかったからだと思います。特に英語と数学が得意科目でした。

　試験の答案用紙の空白の部分を残さず埋め尽くすことと、母の作ってくれた食事を最後まで残さずに食べ尽くす

ことには、人間の習慣形成、性格形成、行動傾向、思考形態において、何か共通点があるように思えます。

　この本の中にも書きましたが、特に中学三年生の時の優秀な、素晴らしい友人達、熱心な先生方や忍耐力のある優しい父母の存在が私の人生の基礎を創ってくれたような気がします。彼等に支えられていなければ、今日の自分の人生はあり得ませんでした。つまり、英語によって切り開かれていった私の人生は存在しなかったと思います。

**　英語に関して言えば、高校入試の時点で中学英語の基礎がほぼ完成していたことが、私の後の人生を左右することになりました。**

　英語の総合力を伸ばすためには、単なる英語力だけでなく、国語の読解力・文章表現力や人文科学、社会科学、自然科学などの幅広い教養の基盤が必要になります。

　特に大学入試に関しては、英文読解問題のレベルが極めて高く、その英文を日本語に訳した文章を読んでも理解できないと思われるほどの文章を読み解く、高度な英文読解力が必要となります。

　大学入学後は自分の専門科目の原書を英語で読むことになります。英語には幅広い知識・教養と分析力が必要になります。

私は、法学部を卒業し、大学院では心理学を専攻しましたが、これらの知識と経験は、34年間大学で英語を教える際にも大いに役に立ちました。

　このような人生を歩むことが出来たのも、劣等生だった私に、毎日食事を作ってくれて、**全ての食事を好き嫌いなく、残さずに食べ尽くす習慣を教えてくれた母親に対して、この場を借りて、特に心から感謝の意を表したいと思います。**

　「お母さん、ありがとう！心から感謝しています。」

　母は、93歳で健在です。この本が母の存命中に出版刊行されることを心から祈っています。

　またこの本を手に取って下さった皆様が少しでも幸せな人生を送られることを心から祈ってやみません。

2018年初夏

小池直己

● 小池 直己（こいけ なおみ）

広島大学大学院修了。特に心理学の理論を応用した英語教育の研究を専門とする。カリフォルニア大学ロサンゼルス校（UCLA）の客員研究員を経て、大学教授・大学院教授を歴任。その間、NHK教育テレビの講師も勤める。英字新聞『ASAHI WEEKLY』（朝日新聞社）の連載コラムでもおなじみ。「放送英語を教材とした英語教育の研究」で日本教育研究連合会より表彰受賞。『放送英語を教材とした英語教育の研究』（北星堂）『放送英語と新聞英語の研究』（北星堂）『英語教育の実践研究』（南雲堂）『時事英語の実例研究』（南雲堂）などの研究書がある。専門は、放送英語、新聞英語、映画英語、英語教育学などである。主な著書は『アドラー流 英語で幸せになる勇気』（南雲堂）『英会話の基本表現100話』『語源でふやそう英単語』『話すための英文法』『覚えておきたい基本英会話フレーズ130』（以上、岩波書店）、『英語で楽しむ「アドラー心理学」』（PHP研究所）など、380冊以上、累計500万部以上にのぼる。

アドラー流 子供の英語力を伸ばす

2018年10月5日　　　　　　　1刷

著者　　　小池 直己
発行者 ── 南雲 一範
発行所 ── 株式会社　南雲堂
東京都新宿区山吹町361（〒162-0801）
電話　　　03-3268-2311（営業部）
　　　　　03-3268-2387（編集部）
FAX　　　03-3260-5425（営業部）
口座振替：00160-0-46863
E-mail　　nanundo@post.email.ne.jp
URL　　　http://www.nanun-do.co.jp
装丁　　奥定 泰之
印刷所／惠友印刷株式会社　製本所／松村製本所　DTP／Office haru

Printed in Japan ＜検印省略＞
ISBN978-4-523-26579-5 C0082　　　〈 1-579 〉

乱丁・落丁本はご面倒ですが小社通販係宛ご返送ください。送料小社負担にてお取り替えいたします。

アドラー流
英語で幸せになる勇気

小池直己
[著]

四六判 288 ページ
定価（本体 1,500 円＋税）
ISBN978-4-523-26562-7
C0082

英語が専門でなかった
私がなぜ370冊もの
英語本を書けたのか？
英語科出身でない私が
なぜ英語教師として
幸せな人生を
歩んでこられたのか？

英語学参の
ベストセラー作者が伝授する
英語で人生を切り開く方法とは！

東大生もみんな読んでいた!?
子供と一緒に始めよう!!
英単語ピーナツ
シリーズ

書いておぼえる
はじめての英単語ピーナツ
(小学生向け)

著者 杉山一志 / 佐藤誠司
定価(本体 1,200 円+税) B5 判 CD 付

英単語ピーナツ JUNIOR
(中学生向け)

著者 大岩秀樹 / 佐藤誠司
定価(本体 950 円+税) 四六判 CD 付

英単語ピーナツ BASIC 1000
(高校生向け・基本レベル)

著者 安河内哲也 / 佐藤誠司
定価(本体 980 円+税) 四六判 CD 付

英語はピー単を音読することから始めよう!

南雲堂のベストセラー！！
英単語ピーナツほどおいしいものはないシリーズ

金メダルコース　　**銀**メダルコース　　**銅**メダルコース

各定価（本体 1000 円＋税）
四六判　フルカラー　CD 付き

村上式シンプル英語勉強法〔ダイヤモンド社刊〕で
米 google 副社長（当時）　村上憲郎氏 **おすすめ教材！**

清水かつぞー著
音声とコロケーション（連語）で覚える画期的な単語集！

スピード感がたまらない！　誰もが自在に使いこなせる無類の単語集！
精選されたテーマ別連語（ピーナツ）で合理的に覚えられる！